WUNDERLICH

Alida Gundlach

Socke & Konsorten

Tierische Geschichten
aus meinem Paradies auf Mallorca

WUNDERLICH
TASCHENBUCH

Fotos, wenn nicht anders gekennzeichnet: Privat

Veröffentlicht im Rowohlt Taschenbuch Verlag GmbH,
Reinbek bei Hamburg, März 2000

Umschlaggestaltung Barbara Hanke
(Foto: Privat)
Satz Adobe Caslon PostScript (PageOne)
Gesamtherstellung Clausen & Bosse, Leck
Printed in Germany
ISBN 3 499 26229 0

Inhalt

Die Natur
wiederholt ewig
in weiterer Ausdehnung
denselben Gedanken,
darum ist der Tropfen
ein Bild des Meeres.

Friedrich Hebbel

Vorwort

Mein Paradies fand ich auf Mallorca. Es ist eine große Finca, ein ehemaliger Bauernhof, innerhalb einer Dorfgemeinschaft und dennoch nah am Meer gelegen. An guten Tagen schmeckt man das Salz. Die Helligkeit verjagt dunkle Gedanken und verbindet sich mit der dünnen Luft, dem Geruch von Meer und Kräutern zu einem seltsam spritzigen Cocktail: Zu CASSÍS!

So heißt unser Zuhause, und so heißt auch das Getränk – Johannisbeersaft mit Champagner aufgegossen –, mit dem wir traditionell unsere Freunde am Eingangstor begrüßen.

Wenn ich von Drehterminen nach Hause komme, wo ich fast wie eine Bäuerin lebe, freue ich mich auf die Menschen ebenso wie auf die Tiere in meiner wunderschönen Umgebung. Hühner, Hunde, Katzen, Gänse, Ziegen, Schafe, Schwein, Esel: eben Socke & Konsorten.

Von ihnen allen möchte ich erzählen. Von meiner anstrengenden, geliebten, witzigen und ganz eigenen Menagerie. Aber auch von meinem Leben drum herum – zwischen künstlichem und echtem Licht, Flughäfen und Olivenbäumen, Stars und Sternenhimmel. Vom Alltag und von meinem gelebten Traum auf einer herrlichen, durchaus nicht immer wolkenlosen Insel.

Ich schildere, wie es uns als Deutschen in einem fremden Land geht, dessen Haupteinnahmequelle der Tourismus ist, allem voran der aus *Alemania*. Dort zu leben, wo andere Urlaub machen, ist nicht nur Alltag im Schlaraffenland. Daß man dazu vieles mitbringen muß, wird oft übersehen. Vielleicht weckt dieses Buch bei einigen Lesern Abenteuerlust oder den Wunsch, «selbst einmal allem zu entfliehen», andere aber wird es möglicherweise vor einer romantisch verklärten, zu schnellen Entscheidung und damit vor einer Enttäuschung bewahren.

Das Wichtigste für mich sind jedoch die Erfahrungen und Erlebnisse mit meinen Tieren.

Über Katzen und Hunde gibt es mittlerweile unzählige Bücher. Doch wie ist es mit Socke und Konsorten, den unbeachteten, meist rein zweckmäßig gehaltenen Tierarten? Dummes Huhn? Blöde Ziege? Fauler Esel? Dreckiges Schwein? Ich lebe mit ihnen und habe nichts davon bestätigt gefunden. Wie gedankenlos und vermessen doch Menschen von ihren Mitlebewesen sprechen. Abgesehen davon, daß sie sie essen, häuten, rupfen, ausbeuten und abschieben, von Schlimmerem gar nicht zu reden.

Die Liebe meines Gänsepaares, das Verantwortungsgefühl einer Seidenhenne, die Anhänglichkeit von Schwein Frieda – Klugheit und Instinkt all dieser Tiere haben meine ganze Hochachtung.

Die Erfahrungen auf unserer spanischen *Finca* veränderten mich und mein Leben auf so ungewöhnliche Weise, daß ich sie nicht nur Freunden schilderte, sondern aufschrieb. Dabei möchte ich statt Fabeln oder putziger Tiermärchen wirkliche Begebenheiten zwischen Menschen und Tieren erzählen – meine ganz individuellen Geschichten über den eindrucksvollsten Abschnitt meines bisherigen Lebens.

Die Menagerie auf Cassis

Shubu	die gelbe Doggenhündin
Toya	der gelbe Doggenrüde
Friederike, genannt Frieda	das schwarze Hausschwein
Goya	der Esel
Gertrud und Gustav	das Gänsepaar
Chou-Chou und Castro	die Katzigen
Jolanda und Jupp	die Zickigen
Henriette und Homer	das Schafpärchen
Erwin Socke	der federfüßige Hahnenchef
Rosi, Braunchen und Perlchen	die Henne und ihre Töchter
Lisa, Martha, Emma, Elvira und Marie-Luise	die Puschenhühner
Familie Alfie und Otis Seide	die chinesischen Seidengockel
Greta und Federchen, Zarah, Leander, Marlene und Kim	seidige Hennen
und Pünktchen	das Covergirl

Über den Wolken kommt die Welt wieder in Ordnung

Wie spät war es gestern eigentlich? Gedanken wabern durchs Gehirn: Hättest du *dem* doch bloß ordentlich Paroli geboten, und wärest du bei *der* doch nur still geblieben. Langsam setzen sich die Schwaden zu Bildern zusammen.

Hinterher beim Glas Wein gab es unter uns wieder viele Diskussionen, entspannt und in fröhlicher Atmosphäre. Vorher verschämt gehütete Geheimnisse waren jetzt Tischgespräch. Fast jeder hätte gern noch dieses oder jenes bemerkt und ebensovieles lieber ungesagt gelassen.

Bis auf die, denen ohnehin dauernd der eigene Weihrauch die Sinne benebelt. Und die mit dem Gestus desillusionierter Besserwisser. Also alles wie immer.

Live-Sendungen wie meine Talk-Show haben nun mal ihre Tükken: Gesagt ist gesagt, nichts kann man zurücknehmen. Dafür sind sie am nächsten Tag aber auch nur ein Stück Vergangenheit.

Zwei Uhr war es mindestens. Und jetzt? Wieder nicht mehr als drei Stunden Schlaf. Das Flugzeug geht um kurz vor acht, ich muß sehen, daß ich in die Strümpfe komme.

«Schon so früh wach?» fragt der Taxifahrer und sieht selbst völlig verpennt aus. «Hab Sie bis zum Schluß geguckt...» Sein Scheibenwischer quietscht hin und zurück, um den Dauerregen wenigstens ein bißchen abzuwehren. Fast berührt er das Glas mit dem Schirm seiner Mütze. Ich finde den Anblick komisch, wozu bei meinem überreizten Zustand allerdings nicht viel gehört.

«Geht's da noch hoch her bei euch, wenn die Sendung vorbei ist? Wie lange dauert's denn so?» Er hat sich ein wenig aufgerichtet, um mich durch den Rückspiegel ansehen zu können. Seine Brillengläser reflektieren die Nässe. Am oberen Rand kleine, funkelnde Sternchen.

«Kommt drauf an, wer da ist, aber zwei Stunden mindestens.» Mundfaul lehne ich mich zurück in die Polster. Der Fahrer konzentriert sich auf die Straße.

Obwohl ich mehr als rechtzeitig am Hamburger Flughafen ankomme, steht dort bereits eine lange Schlange. Brav reihe ich mich ein. Schlapp, aber aufrecht.

Zwei müde Gesichter vor mir erhellen sich ein wenig, ein Anflug von Aufmerksamkeit, der in intimes Tuscheln übergeht. Die Hälfte verstehe ich. Der Mann dreht sich ruckartig um, dabei hat seine Frau bestimmt gesagt: «Dreh dich jetzt bloß nicht um, da ist die vom Fernsehen.» Ich lächle beide an, sie nicken erfreut. «Gestern haben wir Sie noch gesehen.»

«Ach, Sie waren das», flachse ich. Alles grinst.

«Na, wieder auf dem Weg zu neuer Arbeit?»

«Teils, teils», antworte ich, und wir plaudern ein wenig über dies und das. Vorwiegend über die langsame Abfertigung.

In der Reihe nebenan will eine Menschentraube nach Teneriffa, ohne Risiko ganz sicherer Sonne entgegen. Unmengen Gepäck, leichtes Gedrängel.

Die beiden frisch blondierten Damen, die schon eine Weile lautstark plaudern, zeigen mit dem Finger auf mich. «Sag mal, ist die da nicht beim Fernsehen?»

«Wer? Die Rote? Kenn ich nicht. Was soll die denn machen?»

«Ich glaub, 'ne Talk-Show oder so was. Und irgendwas mit Reisen. Da hab ich mal reingeguckt.»

«Nein, *ich* kenn die nicht. Oder war die früher woanders?»

Ihre Körper sind mir zugewandt. Reichlich Schmuck. Viel Platz in der weiten Hose, sportliches Beige, mutig kombiniert mit paillettenbesticktem T-Shirt, die Popelinejacke für alle Fälle lässig geschultert. Die andere umhüllt ein weites Strickding in abenteuerlichem Rot. Herbe Gesichtszüge, passend zur derben Mundart, unter zuviel Make-up. Sie wühlt in einem riesigen Beutel, den Kopf mit neugierigen Augen immer noch erhoben *(bloß nichts verpassen)*, findet Zigaretten, steckt sich eine an. Die in Schutzhüllen verpackten Koffer stören nur und werden achtlos mit dem Fuß weiter nach vorn geschoben. Raumgreifende Gesten untermalen das angeregte Gespräch, vorwiegend der ausgestreckte beringte Zeigefinger, der in meine Richtung deutet. Kein Zweifel möglich.

Wenn man herumsteht und lange genug in den Himmel starrt, machen es einem irgendwann alle nach. Jetzt ist der ansteckende Effekt ähnlich. Obwohl ich mich unter den vielen Augen unbehaglich fühle, tue ich so, als bemerkte ich nichts. Mit verkrampftem Rückgrat. Mein alter Kindertraum von der Tarnkappe scheint in Erfüllung zu gehen. Ich bin unsichtbar!

Da entspinnt sich doch tatsächlich zwei Meter von mir entfernt eine lebhafte Diskussion über meine Person, als sei ich nicht vorhanden, so laut, daß auch die Umstehenden etwas davon haben.

Ob die Damen denken, ich stecke wie ein Kasperle auf ewig in diesem Fernsehkasten drin? Sehen sie einen Rahmen, der anderen und mir verborgen bleibt?

Einigen Wartenden ist das Ganze unangenehm. Sie wenden sich betont von mir und den wackeren Alleinunterhalterinnen ab, reden über den Flug, ihre Hotels und andere unverfängliche Dinge. Nett von ihnen.

In dem Moment zucke ich zusammen, ein Gepäckwagen knallt gegen meinen linken Absatz. Schmerzhaft verfliegt jede Illusion von Unsichtbarkeit. Zerknirscht lächelt mich ein junger Mann an, seine Freundin entschuldigt sich: «Tut mir leid. Wir haben den zweien da derart gebannt zugehört, daß die Karre fast von allein fuhr. Passiert Ihnen so was etwa öfter?»

«Nur ganz selten», antworte ich mit zusammengebissenen Zähnen, froh, endlich selbst was beitragen zu können. Auch das Paar vor mir sieht mich verschwörerisch an. Er zuckt verlegen die Schultern, beide Handflächen nach außen gedreht, während sie vielsagend die Augen zur Decke hebt.

Das gesamte Fernsehprogramm und ich sind immer noch Gegenstand des morgendlichen Zeitvertreibs der beiden Teneriffa-Urlauberinnen.

Bis sich eine auffallend pink gekleidete Dame mit winzigem Hund in edler Tasche hinten anstellt und alle Blicke auf sich zieht. Sekunden später sind Tier und Frauchen *das* Gesprächsthema.

Geschafft.

Irgendwann sitze ich in der Maschine, die natürlich knüppelvoll ist, würde gern schlafen, kann aber nicht. Also lese ich so lange, bis das Kind vor mir über den Sitz krabbeln will und ich es mit meiner – zum Krokodil geformten – Hand und einer dazu passenden, rasch erfundenen Geschichte ablenke. Wir genießen es beide. Die Zeit vergeht schneller, und die Mutter hat einen Moment Ruhe. Trotzdem schaue ich ein wenig neidisch auf ihre fest geschlossenen Lider.

Der Flug ist ruhig, nur während des Essens leichte Turbulenzen mit schwappendem Kaffee.

Obwohl ich die Strecke über hundertmal geflogen bin, empfinde ich immer wieder dasselbe beim Blick aus dem kleinen, verkratzten Fenster: Wir sind lebendige Körner im All. Sechstausend Meter über den verschneiten Alpen schaue ich auf die geschrumpfte Erde, eine Spielzeuglandschaft, die alle Probleme relativiert. Für mich als gelegentliche Fallschirmspringerin ist die Sicht von oben nicht nur sportlicher Reiz oder Naturereignis, sie ist auch Therapie. Freier Fall und Gleitflug als Lebenshilfe.

Kurz hinter Frankreich, eben lag Marseille noch unter uns, setzt das leichte Kribbeln ein. Freudige Erwartung. Ich weiß, in Kürze beginnt der Sinkflug, und dann dauert es noch dreißig Minuten. Mein Liebster wird dort sein, um mich abzuholen, mein echtes, mein anderes Leben wird für kurze Zeit neu beginnen.

Eine Atempause zum Auftanken. Landluft für die Lungen, Erde für die Sinne, Licht für die Augen und viel Liebe für mein Herz. Gleich bin ich zu Hause.

Olivenhain und Puschenfuß

Rosi ist ungehalten. Sie zetert, weil man sie einfach nicht in Ruhe läßt. Ihr neunzehnter Tag, immer im Einsatz, hoch konzentriert. Sie hat verdient, daß man sie respektiert und nicht zweimal täglich von ihrer Pflicht abhält. Immerhin, es sind doch sieben Eier geworden, auf denen sie sitzt. Seit neunzehn Tagen, stolz auf die gleichbleibende Temperatur, von der ihr heißer Bauch zeugt. Schwere Arbeit ist das. Und zwar von Anfang an. Allein die Suche nach einem geeigneten Brutplatz!

Nur einmal habe ich sie erwischt, wie sie im Tarn-Zickzack übers Grundstück wackelte, hier ein wenig scharrte, dort ein bißchen schaute. Das endgültige Nest fand ich erst nach großer Familien-Suchaktion. Mein Mann Burckhard, unser Sohn André, meine Mutter, José – Gärtner, Mechaniker, Mann für alle Fälle – und ich, wir alle erarbeiteten damals eine Strategie, teilten das Land in Planquadrate ein, und jeder durchforstete seines ganz penibel.

Ich mußte wissen, wo Rosi war. Hatte sie den Schutz der großen, ausladenden Feigenbäume gewählt? Oder den kühlen Schatten des ältesten Olivenbaumes? Sein knorriger, in sich gedrehter Stamm mit einer Öffnung – genau zum Kopfdurchstecken – wirkte sicher besonders einladend. Es roch dort nach Zitrone und einem Hauch von Jasmin. Voller Aufmerksamkeit schauten wir ins hohe Gras vor den Naturstein-Terrassen, die, trocken gemauert und trutzig, nachts die Wärme des Tages abgeben. Zeugen aus einem früheren Jahrhundert, als nur Mulis, Ziegen und Schafe hier umherstreunten. Wo saß Rosi?

Nach einigen Stunden traf sich der Suchtrupp unten vor dem Haus. Die Tagesausbeute waren zwei verwehte Müllbeutel, ein lange verschwundener, fauliger Arbeitshandschuh, eine Gartenschere (inzwischen verrostet), drei bisher unentdeckte riesige Ameisenhaufen sowie zahlreiche, durch die Hunde verschleppte «Stöckchen» aus dem Kaminholzstapel. Und glücklicherweise auch Rosis Nest, so nah am Stall, daß wir es beinahe übersehen hätten.

Sie baut es aus zusammengesuchten Stroh- und Grashalmen, die sie wie eine Arena rundherum aufschichtet, mit einer weichen, flachen Mulde in der Mitte. Ist alles fertig, legt sie mehrere Eier am Tag hinein.

Selbst Erwin Socke, der stolze Hahn und werdende Vater, hat den einen oder anderen Halm beigefügt, ohne sich dabei zu überanstrengen. Ein Intermezzo, das Ganze, mehr nicht. Für beide ist es das erste Gelege, sie sind jung und unerfahren, doch sicher geleitet vom Instinkt. Mir hingegen hilft kein Instinkt gegen die prickelnde Aufregung vor dem ersten Kükenschlupf meines Lebens. Statt dessen nervt mich jetzt andauernd ein Schluckauf, den ich durch schnelles Trinken von eiskaltem Mineralwasser bekämpfe.

Rosi ist schlau. Bevor sie über den Zaun zum Nest fliegt, pickt sie ein bißchen im Hof herum, wartet, bis die anderen Hennen beschäftigt wirken, und setzt dann vom taktisch günstigsten Punkt aus zum Flug an. Falls man sie beobachtet, soll niemand den Weg zum Gelege erkennen. Also lenkt sie geschickt durch ihren Wechsel-Kurs ab und braucht darum eine ganze Menge Zeit, bis sie endlich den ersehnten Platz erreicht. Nie hätte ich gedacht, daß Hühner so pfiffig sind. Die ganze Geburtsvorbereitung ist derart aufwendig und liebevoll, kaum anders als bei verantwortungsvollen werdenden Menscheneltern.

Anfangs kehrt Rosi immer wieder zu den anderen Hühnern zurück in den Hof, bis sie eines Tages ganz wegbleibt, um sich ausschließlich ihrem Nachwuchs zu widmen. Und nun komme ich und wage es, sie von ihrem Nest zu trennen. Aber Rosi muß ein paar Körner mit etwas Grünzeug fressen, ein wenig Wasser trinken und ihren Stoffwechsel auf Vorderhahn bringen, während ich die Eier kennzeichne und drehe. Es soll ja jede Seite gleichmäßig bebrütet werden. Rosi paßt das gar nicht, was sie hysterisch kreischend zum Ausdruck bringt, von Erwin Socke mit einem abgehackten Warnsignal unterstützt. Ich reagiere nicht darauf, also fliegt er torpedoartig gegen mein Knie, mit gesträubten Federn auf Kampf geplustert. Empört startet er den nächsten Angriff. Tapfere Socke, den auch meine sanften Worte nicht beruhigen. Andererseits hält ihn seine Beschützerrolle nicht davon ab, schon Sekunden später die werdende Mutter sexuell zu belästigen. Er tanzt um sie herum, nähert sich ihr wie Fred Astaire in einem eleganten Hüpfer von der Seite (bei Astaire Side-step genannt) und würde sich vehement auf sie stürzen, ergriffe sie nicht ebenso flink mit einem geräuschvoll begackerten Ausfallschritt die Flucht. Natürlich direkt in Richtung Nest. Wieder nichts mit ruhigem Fressen.

Dem Gesetz der Schwerkraft folgend, enttäuscht und aufgeregt, verliert Erwin die Balance, steht sekundenlang wippend auf einem Bein – und klatscht lang hin.

Ich schaue zur Herde hinüber und denke, wie wahr. Da lachen ja die Hühner.

Ich fühle mich frei und glücklich. Meine letzte Talk-Show ist gut gelaufen, nun habe ich Sommerpause. Ferien vom Studio, von den Flughäfen, vom deutschen Verkehrschaos und den vielen Menschen – ein berauschender Gedanke!

Rosi wird ihre Küken bekommen, ich kann es miterleben und mich um alles kümmern. Vor mir liegen sechs lange Wochen mit der ganzen Familie und allen unseren Tieren. Ich werde Kraft tanken,

Freunde treffen, den Sommer in mich hineinschütten und jeden Eindruck festhalten.

Es wird mir helfen, dunklere Zeiten und weniger Erfreuliches heiterer zu akzeptieren.

Auf jeden Fall nehme ich mir das erst einmal vor.

Piep, sagt das Ei

Blauer Himmel, Sonnenschein und eine Luft zum Inhalieren, so weich, als könne man sie zwischen den Fingern fühlen. Wie eine Prise Salz. Überall im Garten der Duft nach Sommer. Neugierig schwirren die Bienen tief hinein in die dickbäuchigen Amphoren aus Terracotta. Die Margeriten haben sich prachtvoll ausgebreitet, hinter ihnen klettern Bougainvilleas mit dornigen Zweigen die Mauer hinauf. Schon im Morgenlicht eine Palette voller Farben. Ich atme tief durch.

Derweil zupft Rosi hier einen Halm, entfernt dort einen anderen, setzt sich bauchwackelnd nieder und rollt mit dem Schnabel noch schnell ein vorwitziges Ei unter sich. Für die nächsten Stunden wird sie eifrig mit der schweren Aufgabe des Brütens beschäftigt sein. Eine Prozedur, die insgesamt etwa einundzwanzig Tage dauert. Dann können die ersten Küken schlüpfen.

Ein Ei läßt sie einfach draußen liegen, holt es nicht mehr unter ihren Bauch. Beunruhigt schaue ich mit einer nagelneuen Spezial-lampe hinein. Nichts bewegt sich – es hat zum werdenden Leben nicht gereicht.

Rosis Brutplatz ist ein kleiner Hügel oberhalb des Hühnerhofes. Ein großer Busch dient ihr als Sichtschutz, viele Grashalme tarnen zusätzlich. An einem dunklen Tag voller Wolken haben wir ihr ein Dach gebaut aus vier dicken, in die Erde gebohrten Stöcken und einer daran befestigten Plastikplane. Nicht sehr dekorativ, aber so ist sie wenigstens gegen Regen und Wind geschützt, die uns auch im sommerlichen Süden gelegentlich heimsuchen.

Ob man das alles so macht, weiß ich nicht, in meinem Hühnerbuch steht nichts darüber. Doch wie man ein Ei durchleuchtet, kennzeichnet, dreht – das kann ich auswendig, so oft habe ich die vier schmalen Bände «Geflügelhaltung für den Hausgebrauch» gelesen. Das meiste lernte ich allerdings im täglichen Umgang, darüber gibt es keine Literatur.

Während der ganzen Brutzeit habe ich mich immer mal wieder kurz vor Rosis Nest gesetzt, ohne sie in ihrem Versteck überhaupt richtig zu sehen. Ich sprach dann leise mit ihr und legte kleine Lekkerbissen wie etwas Fisch oder ein paar Nüsse dorthin, wo ich ihren Schnabel vermutete. Mit der Zeit schien sie sich daran zu gewöhnen, reckte ihren Kopf nach vorn, pickte etwas auf und schaute mich hellwach aus ihren großen, braunen Augen an.

Rosi, meine erste Kükenmutter!

Ihr einundzwanzigster Tag beginnt, und nichts geschieht. Wir malen uns schlimme Sachen aus: Alle Eier sind leer, oder es kommen Riesenküken heraus, weil Rosi viel zu lange brütet. Den ganzen Tag stehe ich in der Nähe des Hügels und versuche, mich sinnvoll zu beschäftigen. Ich zupfe Unkraut, öle Scharniere, säubere die Futternäpfe, bis man sich darin spiegeln kann. Meine Unruhe bleibt, aber wenigstens ist alles im Hof blitzblank.

Langsam beginnt es zu dämmern. Ich lausche dem abendlichen Zirpen und will zusehen, wie der Tag sich in Nacht auflöst. Der mächtige, über zweihundert Meter hohe Felsen hinter unserem Grundstück wird zur bizarren Goldmine. Mit seinen Zacken und dem kargen Baumwuchs sieht er aus wie eine bemalte Theaterkulisse. Das hier so häufige Postkarten-Abendrot überzieht den ganzen Himmel in einem breiten Streifen. Zum Schluchzen schön – und gar nicht kitschig, wenn man ein Teil des Ganzen ist. Uns erschien dieser riesige Stein immer als Schutzwall, als sichere Mauer. Einigen Freunden war er unheimlich: «Wenn der mal einstürzt oder auch nur Steine verliert, das zerstört doch alles, was ihr euch so mühsam aufgebaut habt», hieß es, oder: «Der steht da so gigantisch, viel zu exotisch und gefährlich.»

Wir sahen das anders. Für uns gehörte der Felsen dazu; von Anfang an hatte es uns gefallen, wenn er Sonne, Abendrot und Licht in vielen Farben reflektierte, und wie er an Regentagen manchmal mit seiner Spitze in neblige Wolken tauchte.

Aber jetzt ist nicht die Stunde, sich mit Steinen zu befassen, mögen sie auch noch so schön sein. Rosi, mach schon, der errechnete Geburtstag ist fast vorüber!

Kurz bevor ich mich enttäuscht auf den Rückweg begeben will, kullert etwas vor meine Füße. Ein winziges, nasses Flaumknäuel, kaum hörbar fiepend. Ein Küken! Rosis und mein erstes Küken! Ich juchze so verhalten, wie es mir in der Aufregung möglich ist.

Irgendwie ist die Eierschale im Nest oder bei der Rutschpartie auf dem Hügel geblieben, und jetzt liegt etwas so Zartes, Kleines, Hilfloses da – was mache ich bloß damit? Während ich noch nachdenke, kommt Burckhard hinzu. Der eins siebenundachtzig große Mann steht gerührt und staunend vor dem Winzling und zermartert sich ebenfalls das Hirn. Genau in diesem Moment erscheint das zweite Küken auf die gleiche Weise, in rasanter Slalomabfahrt.

Warum, um Himmels willen, steht davon nichts in den schlauen Büchern? Rosi sitzt oben im Nest, ihre Babys sind unten bei uns. Unmöglich, daß die Natur es so geplant hat. Ich bleibe bei den Frischgeborenen, wärme sie in meinen Händen und werde von liebevollen Gefühlen durchrieselt, während Burckhard nach Rosi schaut. Basismathematik: Von sieben Anfangseiern blieben vier übrig, zwei Küken sind da, fehlen also zwei. *Wo sind die?* Eins entdekken wir im Nest unter Mamas Bauch, dem anderen darf ich beim ersten Blick in die Welt zuschauen. Zuerst piept das Ei. Ein Geräusch wie aus einem Wattebausch.

Ich kann es nicht fassen. Ein Frühstücksei, aus dem leise, aber eindeutig lebendige Laute dringen: Piep, piep, piep. Immer wieder. Rosi macht keinerlei Anstalten, irgend etwas zu unternehmen, sie verhält sich völlig passiv. Ihr Instinkt sagt ihr wohl, was richtig ist. Lediglich ihr Gefieder plustert Rosi kräftig auf, um das bereits geschlüpfte Küken zu wärmen.

Jetzt blitzt so etwas wie ein kleiner Zahn aus dem Ei, sägt offensichtlich von innen ein wenig herum, preßt den engen Kalkkäfig nach oben wie einen Helm, der sich lüftet – *hallo, Leute* –, und schon blickt ein nasser, winziger Kopf heraus. Wie in einem Comicstreifen. Nach fast zweiundzwanzig gekrümmten Tagen im Ei will der zarte Körper sich strecken, sich dehnen, versucht mühsam, zum ersten Mal die Füßchen zu benutzen für die Premiere auf der Hühnerbühne. Laufen und fliegen muß erst einmal gelernt sein. Welche Schwerstarbeit haben diese vier fingergroßen Geschöpfe geleistet! Ich bin so fertig, als hätte ich selbst Vierlinge auf die Welt bringen müssen.

Aber auch genauso glücklich.

Vier Küken. Keine Spur mehr von der Härte des Lebens. Gab es wirklich Zeiten, in denen mich irgendwas ärgerte oder wütend machte? Unvorstellbar! Ich bin im Einklang mit der Welt. Ein Schleier von Milde, Güte und Verständnis liegt über allem, mein Mund mag sich nicht mehr vom Lächeln trennen.

Keinesfalls kann die junge Familie jetzt noch auf dem Hügel bleiben, also vertrauen auch wir unserer Eingebung. Wozu hat mein lieber Mann schließlich mit Schwielen an den Händen ein Bruthaus gebaut? Auch wenn es von Rosi bisher konsequent verschmäht wurde. Vor lauter Aktivität trampeln wir uns auf den Füßen herum, behindern uns gegenseitig, bis dann doch alles in Windeseile präpariert ist. Frisches Stroh liegt in dem kleinen, gemütlichen Haus, das nun endlich seiner ursprünglichen Bestimmung gerecht wird. Die längst gekaufte Kükentränke hinein – und nun die Mutter!

Rosi hockt kaputt und träge im neuen Komfortnest – auf einem einzigen Küken. Burckhard hebt sie hoch. Anfangs wehrt sie sich, gibt aber schnell auf, als sie merkt, daß ihr die drei Ausreißer unter die Federn geschoben werden. Kleine Nestflüchter mit ziemlich scharfen Krallen, bereit zur ersten Futtersuche, wenn man ihnen nur zeigt, wie's geht.

Alles scheint zufrieden und versorgt zu sein.

Verführerische Freunde

Still ist es, und ich erinnere mich an meine erste Begegnung mit Hühnern.

Ausgerechnet ich und Hühner. Wäre mir das vor acht Jahren gesagt worden, ich hätte laut gelacht. Klar war ich immer tierlieb, aber eher so, daß ich niemals einem Geschöpf etwas antun würde. Verantwortung, Hege, Pflege – kannte ich alles, doch mehr in Verbindung mit Hund und Katze. Auch wenn ich als Kind Hamster und Meerschweinchen liebte, sogar zwei weiße Mäuse namens Belida und Celida, die meine Umgebung ordentlich verwirrten.

Aber Hühner?

Dann kam der Tag, an dem ich Freunde in ihrer neuen Umgebung besuchte. Gerade waren sie von der Großstadt hinaus aufs Land gezogen und hatten sich nach und nach dort eingerichtet. In unseren ersten Telefongesprächen klangen beide nicht besonders glücklich, die Umstellung schien schwieriger als erwartet.

Und nun?

«O Mann, habt ihr's schön hier» – ich war begeistert. Grüne Wiesen und Weiden, von denen zwei Pferde zu uns herüberschauten. Ich sah Ställe, Volieren, Gemüsebeete. Ein fetter schwarzer Kater schoß unter einem Busch hervor und floh vor uns ins Haus.

«Versteht der sich mit euren Hunden?» wollte ich wissen.

«Kein Problem. Mal kommen sie gut miteinander aus, dann gehen sie sich wieder tagelang aus dem Weg. Aber sie tun sich nichts, also ist alles bestens. Komm mit, ich will dir meine Hühner zeigen!»

Ich folgte Irene einen kleinen Abhang hinunter und blieb überrascht stehen. Vor einer Blockhütte tummelte sich ein bunter Reigen quer durchs Federvieh. Ein Bild, das ich nie vergessen habe und das mein späteres Leben stark beeinflussen sollte. Kleine Hühner, große Hühner, Hähne, in allen Farben und Mustern. Dazu Fasane, Puter, Enten und Gänse.

«Das sind zwanzig verschiedene Rassen», verkündete meine Freundin stolz. Verliebt bewunderte ich schneeweiße, flauschige Hühner mit einer Haube wie aus Sahne und andere, die wie braune Dalmatiner aussahen.

«Sieh mal, die weißen gibt's dort hinten auch noch in Schwarz und Grau. Asiatische Seidenhühner. Und die gepunkteten heißen Federfüßige, weil ihre Füße wie Puschen aussehen.»

Ich hatte mich umgedreht und fütterte vorsichtig eine sanfte rehbraune Henne mit Salat. Zart pickte sie mir jeden Bissen aus den Fingern. Anders als die wild zupackenden Fasane oder die schnellen, scheuen japanischen Kampfhähne. Die brauchten sicher eine stärkere Hand.

Unsere Freunde kamen ursprünglich vom Land und hatten ihre Kindheit mit vielen Tieren genau in diesem Dorf verbracht. Jeder Winkel steckte für sie voller Erinnerungen, um die ich sie beneidete. Jedenfalls um einige davon.

«Am stärksten habe ich noch die Gerüche in der Nase», sagte Irene. O ja, das wäre mir ähnlich ergangen. Eine deftig köstliche Mischung aus Erde und gemähtem Gras, dazu der durchdringende Gestank nach Ammoniak und Mist, den man tatsächlich nicht so schnell vergessen konnte.

«Jetzt, nachdem Vater tot ist, haben wir das alles geerbt. Und nun wollen wir versuchen, langsam Haus und Hof selbst zu renovieren. Ob du's glaubst oder nicht, nach den ersten Schwierigkeiten macht das sogar Spaß. Bestimmt bauen wir auch noch mehr

Gemüse an. Nur so für den Eigenbedarf. Da kannst du gern was abhaben.»

Sie waren wieder bei ihren Wurzeln angekommen.

Das alles weckte Sehnsüchte in mir.

Zwar kannte ich diese Art ländlicher Idylle nicht aus meiner Jugend, aber ich habe mich immer davon angezogen gefühlt.

Ein eigenes Stück Land, möglichst mit einem kleinen Bächlein, grünen Wiesen, viel Natur und Tieren – mein ewiger Traum:

Eines Tages sitzen wir auf einer Bank in der Sonne vor einem alten wunderschönen Haus, es riecht nach Orangenblüten, Thymian und Lavendel, Wasser plätschert so fleißig, wie wir träge sind, Weinreben ranken sich um uns, wir lauschen unseren Tieren, dem Summen der Bienen und Zikaden. Nähe. Muße. Wir wissen, um uns herum sind Menschen voller Lebenslust und Freundlichkeit – alles wird friedlich, glücklich, herrlich …

Daß sich davon wirklich und wahrhaftig ein gar nicht so kleiner Teil auf einer Baleareninsel erfüllen würde, nein, daran dachten wir nicht. Und an Hühner schon gar nicht.

Jahre später, als ich erstmals meinen Geburtstag auf Mallorca feierte, erinnerte sich die Freundin an meine begehrlichen Blicke und schenkte mir sechs «federfüßige» Küken plus Hahn: Erwin Socke nebst Harem, zu dem auch Rosi gehörte. Der Transport war ein Ereignis für sich, von dem ich später noch erzählen werde.

Von da an übernahm mein Mann alles, denn außer meiner Begeisterung brachte ich nur spärliche Voraussetzungen mit. Ich mochte kein Huhn anfassen, hatte es nie zuvor getan. Die Tiere bekamen Namen und wurden von mir gefüttert – Ende meines Beitrags! Obwohl auch Burckhard kaum Landerfahrung hatte, war sein Verhältnis zu Tieren und Natur viel unkomplizierter als meines. Immer wieder hielt er ein Huhn im Arm («so wird es handzahm») und wollte es mir übergeben. Immer wieder scheute ich davor zurück.

Nein, ich konnte diese schönen Tiere nicht anfassen. Zu flatterig, zu unberechenbar und, Zwerghuhn hin, Kleinwuchs her, *viel* größer als ein Wellensittich.

Vier lange, lange Tage ging es so.

Danach ließ ich sie nie wieder los, trug sie herum, kraulte ihren Hals und erfreute mich an ihnen. Nur bei Erwin dauerte es noch weitere zwei Tage. Schließlich war er größer und wilder. Ganz warm bin ich mit ihm nie geworden.

Mittlerweile ist es stockdunkel. Rosi hat sich schützend auf ihre Brut gekuschelt. Trotz der schönen Laterne am *gallinero*, dem Hühnerstall, trotz der Taschenlampe nehmen wir nur noch Schemen wahr. Wenn da nicht die Sterne wären ...

Wer je diese klaren mallorquinischen Nächte erlebt hat, kennt deren magische Wirkung, die Zyniker zumindest schweigsamer macht und Romantiker zu Komponisten. Kenner deuten jedes Licht am Himmel, ein Anblick, der alle zum Träumen verführt. Wenn der Mond wie etwas Lebendiges über dir schwebt, sanft und kühl zugleich, geheimnisvolle Flecken über die Baumwipfel werfend, die deine Phantasie purzeln lassen, mit jenem raffinierten Rahmen strahlender Sternentupfen, *«si, si, es único»* – o ja, einzigartig –, wenn all diese kosmischen Gaben über dir glänzen, dann möchtest du tief seufzen, dir etwas wünschen, wenigstens ein besserer Mensch werden. Ich möchte während dieser herrlichen Nächte zwischen den Bäumen tanzen oder mit den Menschen sprechen, die mir nahestanden und gestorben sind. Mag es ruhig einseitig sein, erzählt habe ich ihnen dann vieles. Über Liebe und Schmerz, über Verlust und Unersetzlichkeit. Aber ich habe auch getanzt.

Siesta zwischen Estellenc und Banyalbufar

Das Tor zu Cassís –
Mandelblüte im Winter

Mutter Rosi mit Küken Perlchen

Mutter Alida mit erwachsenem Perlchen

Braunchen geht auf dem Dach spazieren

Erwin Socke und sein Harem

Burckhard und Greta,
das chinesische Wunderhuhn

Ein Tag im Leben von Toya und Shubu

Meerjungfrau auf hoher See

Burckhard schließt das Tor zum Hühnerhof. Arm in Arm gehen wir zurück zu unserem Haus, schauen hinauf in den Sternenhimmel, den wir bestimmt mit der Hand berühren könnten, und machen noch einen kleinen Umweg, der mehr Ruhe in unsere bewegten Gemüter bringen soll. Vor uns taucht das Licht der Terrasse auf. Sofort bellen unsere Hunde. Ich raffe mich auf, laufe hoch, um sie zu holen und zu einem letzten, kleinen Nachtspaziergang mitzunehmen. Dabei kann ich mich nur noch schwer auf den Beinen halten. Erleichterung und Erschöpfung geben auch meinem Mann den Rest.

Wohlverdienter Schlaf – nun kann er kommen!

Am nächsten Tag heißt es Pflichten wahrnehmen. Vor lauter Entzücken gerät das leicht in Vergessenheit: Alle zwei Stunden feinstes Kükenfutter, penibelste Sauberkeit, abwechselnd servieren wir Molke und Buttermilch.

Längst haben meine Männer in hartem Einsatz den Zaun zwischen Althühner und Mutter-Kind-Gruppe gezogen. So haben sie Sichtkontakt, können einander aber weder belästigen noch anstekken.

Ich lerne andauernd etwas Neues.

Meine Mutter, die sonst wenig für Hühner übrig hat, ist völlig fasziniert. «Oh, wie niedlich ... Was sind die klein ... Wie possierlich ... Was für eine fürsorgliche Mutter ...», sagt sie ein ums andere Mal und kann sich kaum losreißen. Ob sie wohl insgeheim Vergleiche anstellt zwischen Menschenmama und Hennenmama? Muße dazu hätte sie, denn wie so oft bleibt meine Mutter auch in diesem Jahr fast den ganzen Sommer bei uns.

Die beiden Erstgeborenen kann ich mühelos von ihren dunkleren Geschwistern unterscheiden. Ein ganz helles, glänzend wie Perlmutt, das ich sofort Perlchen nenne, und ein nerzbraunes, einfallsreich Braunchen gerufen. Es muß eben auf beide Geschlechter passen. Erst nach sechs Wochen erkennt man am größeren Kamm, ob es sich um Hühnchen oder Hähnchen handelt. Wenigstens zwei haben jetzt schon mal einen Namen. Inzwischen stößt Rosi stolze Gluckstöne aus, schnalzt und plustert, lockt ihre Jungen und ist eine vorbildliche Mutter. Bereits am zweiten Tag lugen die Kleinen unter Mamas Federn hervor. Trotzdem läuft mir Rosi eilig entgegen, die plötzlich ausgesperrten, frierenden, taumelnden Jungen einfach ignorierend, pickt mein Futter auf und legt es geräuschvoll wieder hin. Bis auch das letzte Küken kapiert hat, wie es so funktioniert mit dem Fressen. Und daß man sich dafür ganz schön anstrengen muß, schon, um auf den kleinen Stakelbeinen hinter Mutter herzuhecheln. Ihr folgen sie überall hin, registrieren aufmerksam, was sie wie tut. Welche Geschwindigkeit, welche Strecke ... Die großen, dunklen Augen mit den wunderschönen Sprenkeln darin blicken hoch zur Mutter, hinunter auf die Erde – *«Kann ich das auch?»* Die winzigen, zarten Köpfe sind ständig in Bewegung. Jeden Tag trauen sie sich etwas weiter vor, immer größer wird der kleine Kreis. Sie sind neugierig und mutig, lernen alles, was Rosi ihnen vormacht – und ihre Angst wächst im gleichen Maße, in dem sich Rosi weniger um sie kümmert.

Das ist für mich eine spannende, aber auch traurige Erfahrung. Freche, unbekümmerte Junge, die jeden Tag vorsichtiger werden. Schon früh erkennen sie, daß das Leben nicht leicht ist und Zurückhaltung mehr Schutz zu bieten scheint als Draufgängertum. Doch sie können auch tapfer sein, wie ich später feststellen werde.

Perlchen will auch jetzt nichts von Ängsten wissen. Sie ist der Boß im Hof. Als erste beim Fressen, am weitesten entfernt beim Spaziergang, der eine großartige Show ist: Rosi mit erhobenem Haupt vorweg, ihre vier Kinder quietschend im Kükenmarsch hinterher.

Dabei legen sie schon lange Wege zurück. Braunchen und die beiden Jüngsten beginnen sofort, verzweifelt zu weinen, wenn die Mutter sich mehr als fünf Meter von ihnen entfernt. Ihr Gefühl der Verlassenheit wird so stark, daß sie, so schnell sie können, unter Mamas Bauch kriechen wollen. Doch da macht Rosi nicht mehr mit. Ihr Bauch gehört wieder ganz ihr und wird nur noch nachts zum Wärmen gerade so weit hochgehoben, daß man als Baby schon verdammt schnell sein muß, um rechtzeitig Unterschlupf zu finden.

In der dritten Woche fehlen plötzlich zwei Küken. Nicht Braunchen oder Perlchen, nein, unsere beiden Namenlosen. Wir suchen alles ab. Jede Ecke, jeden Busch. Nichts. Nicht einmal eine Daune. Was kann nur passiert sein? Ist ein Tier in den Hof eingedrungen und hat sich die wehrlosen Küken geschnappt? Aber Marder, Füchse oder andere Hühnerräuber gibt es hier kaum. In Deutschland mag das an der Tagesordnung sein, wie man mir manchmal erzählt, aber auf Mallorca? Die Greifvögel sind klein, werden trotzdem sofort von den Hähnen gesichtet, die dann mit einem durchdringenden Warnlaut ihre ganze Herde ins Gebüsch jagen, oder sie folgen einem anderen Instinkt, und alle, Hahn, Henne und Küken, erstarren mitten in der Bewegung. Dabei weiß doch jedes Kind, daß niemand auf einen aufmerksam wird, wenn man die Augen schließt und sich mucksmäuschenstill verhält.

Diesmal hatte es nicht geholfen. Die Kleinen kamen nicht wieder. Noch nicht einmal Namen hatte ich ihnen gegeben. Ein Symbol? Ich fühlte mich elend.

Was wirklich geschehen war, haben wir nie herausgefunden. Bis heute blieb es ein ungeklärter Eingriff in unsere Idylle, über den ich oft nachdachte, weil mir die Unterschiede von Lebewesen zu Lebewesen bisher nur theoretisch bewußt waren. Jetzt mußte ich die «Feinde» meiner Tiere kennen, um sie vor ihnen zu beschützen. In diesem Fall war mir das nicht gelungen, was mich lange Zeit sehr traurig gemacht hat.

Nun waren von den Küken nur noch Braunchen und Perlchen übrig.

Warum Mallorca?

Rosi ist zur Herde zurückgekehrt, ihr Hormonhaushalt wieder auf Lieben und Legen eingestellt. Keine Lust mehr auf Mutterrolle, im Gegenteil. Sie hat genug damit zu tun, in der Rangfolge noch mal einen guten Platz zu ergattern. Einen gewissen Abstieg muß sie in Kauf nehmen, aber am unteren Ende der Hackordnung will sie keineswegs landen. Mit der Zeit wird sie sich behaupten.

Erwin Socke, dessen Favoritinnen gelegentlich wechseln, ist von Rosis Einmarsch begeistert. Endlich wieder mal was Neues. Typisch Gockel! Und auch Rosi, sonst nicht gerade leidenschaftlich, scheint den Schnabel voll zu haben von der langen Abstinenz und fügt sich willig. Derweil sind die von allen guten Geistern verlassenen Küken erst sechs Wochen alt und entsprechend verwirrt, sich plötzlich so ganz allein in der ungewohnt riesigen Umgebung wiederzufinden. Ohne Mama, ohne Geschwister! Glücklicherweise hatten sie zuvor das Wichtigste bereits gelernt: Scharren, Nahrungssuche, Schnabelwetzen. Alles nicht gerade meine Stärken. Aber sonst ersetze ich Rosi, so gut ich kann, lege Futter hin und bin glücklich, daß sie mir jeden Tag mehr vertrauen.

Ihr einfarbiger Flaum verwandelt sich langsam in Daunen, Perlchens mit viel helleren, größeren Punkten als Braunchen, die mir aus der Hand frißt.

Vorher säuberten die Kleinen den Schnabel ihrer Mutter von letzten Leckereien, nun ist es mein Fingernagel, der gründlich abgeschleckt wird. Stolz reckt Perlchen dazu ihren Hals, so weit sie kann, distanziert, wie sie nun mal ist. Die Giraffe unter den Küken.

Während ich den beiden beim Flattern und Herumalbern zusehe, verlieren sich meine Gedanken in der Vergangenheit. Wie fing das eigentlich an mit Mallorca?

Schon als Kind liebte ich den Sommer, war gern lange auf und wollte nah am Wasser sein, obwohl ich damals gar nicht gut schwimmen konnte. Später tobten sich im Winter alle Bengel, die vorher vergeblich hinter mir her waren, mit ihren Schneebällen an mir aus. Ich weiß nicht, wie oft ich verzweifelt nach Luft rang, nur weil mal wieder einer dieser pickligen Feiglinge von hinten Schnee in mein Gesicht rieb. Mein «Tritt danach» entschädigte nur kurzfristig. Warum also sollte ich mich für den Winter erwärmen?

Außerdem verabscheute ich zwiebelartige Kleidung. Noch ein Teil und noch eins und noch eins ... Schrecklich!

Von Dingen wie Mentalität, Lebensqualität und Lichttherapie wußte ich damals noch nichts.

Als ich das erste eigene Geld verdiente, fuhr ich nach Italien; später nach Spanien, Frankreich und Portugal. Fast immer nahm ich meine Vespa mit, die damals mein ein und alles war. Eine Zeit, die ich in abenteuerlicher und lustiger Erinnerung habe. Mein Verhältnis zum anderen Geschlecht hatte sich mittlerweile erheblich verbessert, und es mangelte mir nie an reparaturwilligen, hilfsbereiten Jungs. Deren Umgangsformen waren gewinnender geworden, ebenso ihre Methoden: Statt mich im Schnee zu ersticken, legten sie mir nun schützend ihre dicken Jacken um die Schulter. Winterfreundlicher wurde ich dadurch allerdings nicht.

Ob diese Gründe ausschlaggebend für eine Ferienwohnung auf Mallorca waren oder ganz andere – ich weiß es heute nicht mehr.

Jedenfalls wollte ich eine gute Verbindung (auch ohne Vespa, die ich längst nicht mehr besaß), ein angenehmes Klima und klares, sauberes Wasser.

Als ich Mallorca in den sechziger Jahren kennenlernte, war es touristisch kaum erschlossen, bestand vorwiegend aus Fischerhäusern, alten verträumten Dörfern, schlichten Wohnblöcken und der eindrucksvollen Hauptstadt Palma. Ich war sofort und ohne jeden Vorbehalt verliebt. Von da an verbrachte ich viele Ferien auf der Insel, erwanderte mir unbekannte Flecken, die ich von Mal zu Mal schöner fand, und lernte Spanisch. Die Sprache zu beherrschen ist in meinen Augen eine der wichtigsten Voraussetzungen für das Verständnis eines fremden Landes. So hatte ich gleich Kontakt zu Einheimischen und durfte ein wenig an ihrem Alltagsleben teilnehmen.

Mein Wunsch, hier etwas Eigenes zu besitzen, wuchs mit jedem Besuch, und natürlich sprach ich mallorquinische Freunde darauf an.

«Ich hör mich mal um und sag dir Bescheid», gaben sie mir eine ganze Weile mit auf den Rückweg. Und dann war es soweit: Ich erwarb eine kleine, sehr schöne Wohnung direkt am Meer. Mit diesem Nest konnte ich übrigens auch meinem späteren Gemahl den Süden, speziell Mallorca, schmackhaft machen. Und der war immerhin ein überzeugter «Nord-Freak».

Doch vorerst flog ich allein in mein Ferienparadies, genoß so oft wie möglich die stille Einsamkeit. Manchmal blieb ich nur ein Wochenende, fühlte mich aber erholt wie nach einem langen Urlaub. Ohne Zeitung, ohne Telefon vergaß ich sogar Tag und Datum – Entspannung pur. Ich floh vor zinngrauen, trüben Straßen, kahlen Bäumen und eisiger, wolkenverhangener Luft, in die der Atem stieg wie Dampf aus einem Wasserkessel; ich verkroch mich vor Fülle und Forderungen. Und kehrte vital, wenn auch mit eingerosteter Stimme zurück.

Für uns war diese Wohnung ein Refugium, ein Ort wie ein Liegestuhl mit Zeit zum Lesen, Reden und Genießen. Aber noch nutzten wir es viel zuwenig, weil unsere Arbeit leider nicht mehr zuließ. Trotzdem sehnte ich mich nach mehr Balance und versuchte die Tage des Lichts und der Freude denen der Dunkelheit entgegenzusetzen.

So ging es fast vierzehn Jahre, als sich eines Tages Besuch anmeldete, der Freunde mitbrachte.

«Das gibt's doch gar nicht, genau so eine Wohnung suchen wir schon ewig», war deren erster Satz bereits am Eingang. Begeistert liefen sie durch unsere hellen, sehr mediterranen Räume, die wir liebevoll gepflegt und immer wieder renoviert hatten, ohne dabei je an einen Verkauf zu denken. Auf der Insel gab es wunderschöne Fliesen, meist handgemacht, die man Teppichen vorzog. Dazu hatte ich Schränke mauern lassen, ein wenig schief, wie manches hier. Das kleine Bild auf dem Regal kullerte immer wieder hinunter. Als ich *maestro Xavier*, den wackeren Handwerker, darauf hinwies, setzte er sich zu mir aufs Sofa, schaute hinüber zu seinem Meisterstück und sprach jenen denkwürdigen Satz, der später bei uns zum geflügelten Wort wurde: «*Por favor, Señora*, wenn Sie Ihren Kopf nur ein wenig zur Seite neigen, ist alles wieder gerade.»

Genau so war's!

Vieles ließen wir weiß, rauh verputzt mit einem warmen Terrakottaton, der das Pinienholz der Insel ideal ergänzte, als sei es von der Natur so raffiniert geplant. Einige Materialien waren hier attraktiver und billiger als in Deutschland. Ein Fest für die Innenarchitektin in mir, nicht zuletzt auch wegen der herrlichen Stoffe, die sich zu farbenfrohen Mustermixturen zusammenstellen ließen. Textilien sind eben das Salz in der Einrichtungssuppe. Es machte mir Spaß, die Räume so zu gestalten, daß wir uns zu Hause und wohl fühlen konnten. Einen Kult machte ich nicht daraus.

An jenem bemerkenswerten Abend erhielten wir ein Angebot, das uns nachdenklich stimmte.

«Stell dir bloß mal vor, wenn wir verkaufen, könnten wir alles noch mal auf den Kopf stellen. Was meinst du?» fragte ich meinen Mann. Und noch ehe er zu einer Antwort kam, erinnerte ich ihn an meinen uralten Wunsch, auf dem Land zu leben, in engem Kontakt zur Natur, mit Tieren und dem direkten Bezug zu allen Jahreszeiten: «Du weißt schon, schlichtes Leben, Fauna und Flora. Nicht wie bisher viel Arbeit in Deutschland mit wenig Ferien auf Mallorca, sondern umgekehrt.» Burckhard kam ernsthaft ins Grübeln.

Der Erlös der Wohnung würde leicht für eine Finca reichen. Dachten wir. Es gab wochenlange Gespräche und Überlegungen. Die ganze Familie wurde einbezogen, jeder hatte andere Argumente. «Niemand mit Verstand ist verrückt genug, so was zu machen», war nur eines.

Es dauerte noch über ein Jahr, ehe wir dann tatsächlich diese gravierende Lebensumstellung in Angriff nahmen. Glückliche Umstände halfen uns dabei. Wir verkauften meine Wohnung zwar nicht ohne Bedauern, aber das erwartungsvolle Kribbeln auf etwas völlig Neues überwog. Ich werde es wirklich fertigbringen, dachte ich verwundert, ich werde weggehen. Auf unserem Grundstück, auf dem sich alle Familienmitglieder und sogar ein paar gute alte Freunde von Anfang an Lieblingsecken ausgesucht hatten, stand eine Ruine, die man mit unendlich viel Phantasie überwuchern konnte. Es gab eine Zisterne, uralte verwachsene Mandelbäume, Steinterrassen und einen Olivenhain. Himmelszelt mit Bodenhaftung ... Was konnte man daraus alles machen!

Vieles lernten wir während des Baus, manches sogar erst lange nach dem Einzug. Fehler der Vergangenheit wurden durch neue Erkenntnisse ausgeglichen, und wie es so ist mit dem Ärger: In der Erinnerung überwog dann doch das Positive.

Langsam näherte sich diese aufregende und trotzdem so erholsame Sommerpause ihrem Ende.

An meinem letzten Ferientag ging ich zum Hühnerhof, öffnete das quietschende Tor, und schon liefen mir – wie jedesmal – die beiden Minis entgegen. Auf dem gewundenen Kiesweg durch die Mandelplantage hinunter zur Tierebene konnten sie meine knirschenden Schritte schon von weitem deutlich hören und trippelten auf ihren kurzen Beinchen eilig in meine Richtung. Immer hatte ich etwas Leckeres dabei: geraspelte Karotten, Quark, gehackte Eier, ein paar Nüsse hier und da.

Sowohl Braunchen als auch Perlchen waren übrigens eindeutig Hennen.

Zwar hatten sie einen Kamm, doch der wäre für einen Hahn beschämend mickrig gewesen.

Federfüßige können fliegen, nicht nur so ein bißchen flattern. Wenn es sein muß, dreißig Meter hoch. Bei Braunchen und Perlchen bemerkte man allerdings nichts von diesem Talent. Sie hüpften mehr als sie flogen, kletterten auf Baumstämme, sprangen plusternd aufeinander zu. Ich fand sie nicht nur bildschön, sondern auch pfiffig und graziös. Alles, was die Natur ihnen zum Leben abverlangte, besaßen sie – ohne es mißbrauchen zu können.

Einige unserer Bekannten sahen das anders. Die Feststellung «Es sind doch nur dumme Hühner» hörte ich häufiger. Zwar fanden sie den Hühnerhof plus Bewohner «süß», aßen zu gern die «biologisch-dynamischen» Eier, doch für den Aufwand zeigten sie weniger Verständnis. Immerhin hätten wir unsere Zeit ja mit ihnen statt mit den Hühnern verbringen können. Tja …

In der Sommerhitze simulierte der Hauch einer Brise Abkühlung, untermalt von einem lauten Dauerton, ähnlich dem Surren einer Telegrafenleitung: Zikaden. Auf einer Terrasse hoch über mir hörte ich Henriette und Homer krakeelen. Wahrscheinlich gab's wieder Grenzstreitigkeiten zwischen unserem Schafpärchen und der Herde eines Nachbarn. Mit aufmerksam seitlich gestrafften Ohren lauschten die Hunde dem Gezänk. Sie warteten am Gatter vor dem Hühnerhof auf mich, tobten neben mir her und machten mir den Abschied noch schwerer, als er ohnehin schon war.

Auf den Hund gekommen

Als wir uns noch heftig bemühten, aus dem unerschlossenen Grundstück hoch oben in den Bergen Mallorcas eine halbwegs zivilisierte Behausung zu machen, wollte ich schon einmal vorsichtig erkunden, wer wann wo mit einem Doggenwurf rechnete.

Vor vielen Jahren bekam ich Amsel (trotz des irreführenden Namens meine erste gelbe Doggenhündin) von einem Tierarzt, für den ich eine Presseaktion geleitet hatte und der mir als Honorar die «Währung Dogge» anbot. Amsel lebte elf Jahre mit mir und machte mich zu einem Fan ihrer Rasse. Später holten wir Chandor zu uns, einen kräftigen Rüden, der uns neun Jahre lang begleitete.

Würde unser Haus erst einmal stehen, wollte ich unbedingt wieder eine Dogge haben. Drei Jahre nach Chandors Tod tat der Gedanke an einen neuen Freund nicht mehr ganz so weh. Allein der Schutz, den dieses große Tier uns draußen auf dem Lande bieten würde! Doch Zweifel waren angebracht: Unsere bisherigen Hunde wußten ganz und gar nichts von ihrer Größe und Stärke. Ihre Gefährlichkeit ist ein Mythos, zumindest wenn sie mit Menschen und nicht im Zwinger aufwachsen. Meine Doggen wollten jedenfalls immer auf den Schoß und verstanden die Welt nicht mehr, als der ihnen so wenig Platz bot.

Nach einer Redaktionskonferenz in Hamburg rief ich verschiedene Züchter an. Mit einem von ihnen entwickelte sich ein Gespräch der besonderen Art.

«Das gibt's doch gar nicht. Sind Sie wirklich die Frau Gundlach vom Fernsehen, die Doggen hat?»

«Ja, bin ich wirklich, aber woher wissen Sie denn das mit den Doggen?»

«Meine Frau und ich haben Sie mal in der ‹Schaubude› gesehen, da hatten Sie Ihren Hund dabei und haben auch von ihm erzählt.»

Stimmt, ich erinnerte mich, daß mein Kollege Carlo und ich einmal beide unsere Hunde mitbrachten, als wir gemeinsam die Fernsehsendung moderierten: er seine kleine weiße Wessi-Hündin Debbie und ich meinen großen gelben Chandor, der sich ängstlich umsah und von Debbie lautstark angekläfft wurde. Dabei hätte ein kräftiges Einatmen genügt, um Debbie vor seiner Nase schweben zu lassen. Aber Chandor kannte nur Wald und Wiese, während das Fernsehmilieu Debbies Zuhause war. So eine Umgebung mit Kameras, vielen Menschen und Geräuschen war nicht seine Welt. Trotzdem hatte ich ihn dieses eine Mal mitgenommen. Er sollte meinen Fernsehzuschauern zeigen, wie lieb und gehorsam so große Tiere sein konnten. Das Verhältnis zwischen ihm und Debbie blieb jedoch kühl. Auch Carlo konnte sich damals wenig für «das Kalb» erwärmen und hielt respektvollen Abstand.

Zurück zum Telefongespräch:

«Ich bin noch völlig durch den Wind. Das ist wie ein Wunder. Wissen Sie, daß ich gerade einen G-Wurf mit fünf Jungen habe, von denen ein Rüde Gundlach heißt? Als wir Namen suchten, fielen Sie uns ein, und da nannten wir den Kopfhund nach Ihnen.»

«Bitte was? G-Wurf? Gundlach? Kopfhund?»

Zumindest in *meinem* Kopf herrschte Chaos.

Der freundliche Experte erklärte mir alles, bis ich die Zusammenhänge halbwegs begriff und ebenfalls völlig verblüfft war.

In der renommierten Züchtung erwartete man den siebten Wurf, der nach alphabetischer Reihenfolge den Buchstaben G trug. Als alle Welpen geboren waren, kristallisierte sich ein Leittier heraus, der sogenannte Kopfhund, für den die Züchter einen Namen mit G brauchten, nachdem Gary, Golf und Gin vergeben waren. So hieß der freche Rüde eben Gundlach. Und ausgerechnet jetzt rief ich an. Wunder? Fügung? Schicksal? Oder doch nur Zufall?

Nein, daran mochte keiner von uns glauben.

Gleich am nächsten Nachmittag fuhr meine Freundin mit mir an die Elbe zu einem wunderschönen Gehege; sauber, gepflegt, artgerecht und liebevoll. «Nur mal so zum Gucken», betonte ich. Eine temperamentvolle Doggenmutter sprang mir entgegen, ich war hingerissen.

Der Vater, ein stattlicher Rüde, schaute mißtrauisch aus seinem eingezäunten Revier zu uns herüber, ehe wir uns in einem großen Auslauf die Welpen ansehen durften.

Schon kniete meine Freundin lockend auf dem Boden, schnalzte mit der Zunge, und ein tapsiges hellgelbes Junges kam ihr auf dikken Pfoten entgegengelaufen. «Das ist Gundlach», sagte der Züchter, was mich ganz eigenartig berührte. Trotzdem hatte ich nur Augen für seinen Anhang, einen etwas kleineren Welpen, der durch nichts dazu zu bewegen war, uns so freudig zu begrüßen, wie Gundlach es tat. Er hielt Abstand, schaute uns aufmerksam zu, drehte sich dann um, knabberte an einer Baumrinde und rollte vergnügt über die braune Erde.

Inzwischen war Gundlach mit uns zum Kaffeetisch gegangen, gefolgt von seinem Bruder. Während sich mein Namensvetter bei uns niederlegte, kroch der andere unter ein Auto und beäugte uns eindringlich aus sicherer Entfernung. Wir redeten und redeten. Als ich dann wieder zum Auto schaute, war der Knirps weg.

Der Züchter machte ein besorgtes Gesicht: «Ich ahne schon, wo der Lümmel wieder ist.» Schnell lief ich hinter ihm her, in einen verwilderten Teil seines großen Grundstücks. Vor mir lag eine grüne, übelriechende Klärgrube, darin der Welpe, selig im Wasser patschend.

«Bist du schon wieder da reingefallen?» schimpfte der Züchter und griff nach dem stinkenden Bündel. Seine Frau hatte bereits ahnungsvoll eine Plastikwanne mit Wasser gefüllt.

«Oh, bitte, darf ich ihn baden?» fragte ich, und schon war ich dabei, den nun gar nicht mehr abenteuerlustig wirkenden Junghund abzuschrubben. Liebe auf den ersten Blick, wenigstens von meiner Seite.

Zur großen Verwunderung aller erledigte ich sämtliche Formalitäten sofort, nahm Hund samt Körbchen und fuhr mit meiner Freundin zum Flughafen. Im Rückspiegel sah ich das Ehepaar winken, vor ihren Füßen wedelte Gundlach.

Zu gern hätte ich den fröhlichen Kerl auch noch mitgenommen, aber das erschien selbst mir zu gewagt. Immerhin war *kein* Hund zwischen Baumaterial und Arbeitern vorgesehen. *Einer* würde das Wohlwollen meines Mannes sowieso schon genug beanspruchen, an *zwei* neue Hausgenossen mochte ich da gar nicht erst denken.

Vom Flughafen aus rief ich Burckhard an, erzählte ihm die Geschichte und registrierte deutliche Einsilbigkeit. Doch meine Freude war so groß, daß nichts sie schmälern konnte.

«Oh, oh, das wird Ärger geben», prophezeite meine Freundin.

«Lassen Sie den Hund auf keinen Fall aus dem Korb. Dem macht das nichts, der kann es da drin gut ein paar Stunden aushalten», hatte mich der Züchter vorher ermahnt.

Zwar war schon mein getragenes T-Shirt im Körbchen drapiert, damit mein Welpe sich – weich liegend – an meinen Geruch gewöhnte und sich nicht so allein fühlte, aber bis zum Abflug im Korb? Nein, *er* mochte das aushalten, ich nicht!

Also öffnete ich in der Nähe des Flughafens die Tür und holte das irritierte Wesen heraus («Mach Pipi!») Der Kleine schaute umher, ging ein paar Schritte vor und zurück (kein Pipi), erforschte die brandneuen Sensationen von Düften, Bildern und Geräuschen, ließ sich von den Umstehenden bewundern: «Kuckma, Mama, Wauwau …»

«Was ist *das* denn für eine Rasse?» wollten sie wissen. «Ach, wirklich, eine Dogge? Und so klein?» Ich erklärte, er sei erst zehn Wochen alt, und machte mich auf, die Leute von der Frachtabteilung zu becircen.

Bis zur letzten Minute behielt ich das drollige Kerlchen auf meinem Schoß und nicht im Korb. Der etwas über zweistündige Flug war dann eine einzige Qual für mich (und das von mir genervte Bordpersonal), bis ich endlich, endlich am Laufband stand und auf meinen Hund mit seinem Gehäuse wartete.

Einfallsreich, wie ich Burckhard kannte, hatte er sich Zugang zur Gepäckausgabe verschafft und erwartete mich freundlich, wenn auch weniger zärtlich als gewohnt. Egal.

Wo blieb der Welpe?

Da tauchte das Geflecht des Korbes auf, ich hob ihn vom Laufband und versuchte, den Riegel zu öffnen. Vergeblich. Panik stieg in mir hoch.

Ruhig nahm mein Mann mir das «Hundehaus» aus der Hand. Der Verschluß hatte sich verklemmt. Ich wurde immer kribbeliger. Diese Probleme und die Miene meines Angetrauten brauchte ich jetzt so nötig wie einen Flughafenstreik. Gerade verbog Burckhard seinen Autoschlüssel, um das vermaledeite Schloß zu öffnen. «Abgesehen von deiner Nerverei hier finde ich es unverantwortlich, daß du in unserer Situation mit dem Bau und der ganzen Arbeit einen Welpen anschleppst», knurrte er. «Hättest du damit nicht warten können?»

Ich setzte zu einer Verteidigung an, als die Tür plötzlich aufsprang.

Burckhard schaute in den Korb, und in seine Augen zog langsam, wie in Zeitlupe, wieder Liebe ein. Der kleine Hund saß weit hinten, die kugelrunden, tolpatschigen Pfoten vorn aufgestemmt, und sah uns ruhig entgegen. Ein Blick, der bis heute typisch für ihn ist. Toya hatte nun uns beide erobert.

Übrigens: Diese Geschichte vom «Zufall» der Namensgebung und meiner ersten Begegnung mit Toya beim Züchter bis zur Episode seiner Ankunft hat nie jemand häufiger und begeisterter erzählt als mein überaus verständnisvoller Gatte: «Alida hatte ja gar keine Wahl in dieser Situation, sie *mußte* einfach so reagieren und das tolle Tier mitbringen. Sooo schlimm waren die Bauarbeiten nun auch wieder nicht!»

Ein gelegentliches «Ach, sieh mal an, jetzt plötzlich ...» konnte ich mir nicht verkneifen.

Meerjungfrau auf hoher See

Hitze floß über die Insel, längst hatten sich Spanier vor der Sonne verkrochen. In der Hauptsaison, die etwa von Mitte Juni bis Mitte September dauert, zeigte uns das Leben auf Mallorca seine schattenlosen Seiten. Flughäfen, Geschäfte, Restaurants waren überfüllt, man mußte warten und anstehen, die Geduld aller Beteiligten ließ rapide nach und damit auch die Freundlichkeit. Ohnehin mochte der Festland-Spanier noch als besonders zuvorkommend gelten, Mallorquiner nahmen es damit nicht so genau. Ich kann mich nicht erinnern, auch nur den Ansatz eines Dankes geerntet zu haben, wenn ich im Straßenverkehr etwa ein anderes Auto vorließ. Entgegenkommen aller Art schien eben selbstverständlich zu sein. Zwar waren Mallorquiner geduldig, lässig, tolerant und lächelten meistens – als übertrieben höflich konnte man sie nicht bezeichnen.

Anfangs wunderten wir uns, wie wenig uns die hohen Temperaturen ausmachten. Eigentlich waren sie nur im August ein Problem, und selbst dann noch eher für die Tiere als für uns. Der Juli präsentierte sich meistens angenehm, wenn man die Mittagszeit im Kühlen verbringen konnte. Ansonsten mußte man sich eben viel im Wasser aufhalten.

Hier auf Mallorca hatte sich die Qualität meines Lebens erheblich gesteigert. Ein Grund dafür war die Nähe zum Meer. Wo konnte man schon in der Mittagspause zum Hafen gehen, ein Schiff mieten und einfach hinausgleiten? Ich genoß das auf eine besondere Weise, obwohl Burckhard die eigentliche Wasserratte in der Familie war. Er hätte auch mit Kiemen und in Alaska geboren werden können. Keine Jahreszeit, keine Wassertemperatur war ihm zu kalt zum Schwimmen. Mir reichte schon die Vorstellung, um Gänsehaut zu bekommen. Doch ihn konnte weder tiefes noch rauhes Meer schrecken, weil er wie ein Fisch tauchte und jedes Boot bei jedem Wetter beherrschte. Ich dagegen wurde beim leichtesten Dümpeln seekrank. Als wir uns kennenlernten, liebte mein Mann außer mir vor allem Sylt, Fjorde, Finnland, Sturm und Jahreszeiten aller Art. Na, das war was für mich, das Sonnenkind, das Licht und lange Nächte brauchte. «Die gibt's auch in Grönland und Schweden», lautete sein Argument. Kurzum: Burckhard schleppte mich mit reichlich Ölzeug zu endlosen, konditionsstärkenden Wanderungen und Segeltörns in nordische Gefilde, im Gegenzug legte ich ihm meinen sonnigen Süden ans Herz.

Als ich das erste Mal an Bord eines imposanten ketschgetakelten Segelschiffs kam (damals vermutete ich hinter diesem Begriff eine neue Sorte Tomatenmark), durchlief ich gleich den Härtetest. Nach etwa zwei Stunden flotter Fahrt lag ich auf den Planken und flehte um den Gnadenschuß. Grün im Gesicht, hatte ich mit allem abgeschlossen – außer meinem tiefen Todeswunsch. Das schnelle, gnädige Ende wurde mir nicht zuteil. Zwar «drehte» mein Gefährte «ab» (ich hatte das schon zuvor getan), doch es dauerte eine Ewigkeit, bis ich wieder festen Boden unter den Füßen hatte, der allerdings noch Tage danach merklich schwankte. Mit dem Mann, der mich heiraten wollte, redete ich während dieser Zeit kein Wort außer einem gezischten «Sadist». Nein, Segeln würde kein bevorzugtes Hobby von mir werden. Dachte ich.

Die dicke *Colin Archer* war einmal als Lotsenschiff gebaut worden und hatte bei schwerem Wetter vor der norwegischen Küste verirrte Frachter sicher in den Hafen geleitet. Dafür konstruierte man sie besonders seefest. Mein geduldiger Mann, der mittlerweile wieder mein Freund war, verführte mich, sozusagen Knoten für Knoten. Wir segelten nur kurze Strecken, bis ich mich nach und nach immer sicherer fühlte. Den kompakten, gemütlichen Kahn mit seinem Ruderhaus und dem vielen Messing schätzte ich jedesmal ein wenig mehr. Die «tolle Jolle» lag in Heiligenhafen und hat uns unvergeßliche Stunden bereitet. Schließlich kam es so weit, daß ich mich auf diesem Schiff völlig entspannte. Auch später war mir zwar noch manchmal mulmig an Bord, aber so elend wie während jener Anfänge fühlte ich mich nie wieder.

Bis wir auf Mallorca das ideale Wasserfahrzeug für uns fanden, probierten wir eine Weile herum. Dann mieteten wir regelmäßig immer wieder dasselbe geräumige Boot mit Kajüte und leise brummenden Motoren. Es lag gut auf den Wellen, so daß ich mich bald traute, selbst zu steuern. Spätestens dann verging mir jede Übelkeit.

An heißen Tagen genossen wir die erfrischende Bootsfahrt für drei, vier Stunden mit abkühlenden Kopfsprüngen ins klare türkisfarbene Meer, in dem auch Taucher auf ihre Kosten kamen. Sehr gern fuhren wir früh hinaus, wenn die Tiere versorgt waren und die Touristen noch schliefen. Die letzten Fischer befanden sich auf dem Heimweg. Um mich herum die Weite des Meeres, die verschiedenen, herrlichen Blautöne, das quirlige Treiben in der ganz eigenen Welt unter mir, die reizvolle, pittoreske Küste. Und immer wieder faszinierte mich die Kraft der Natur, wenn aus den wuchtigen, kargen Felsen wie selbstverständlich doch noch Grünes wuchs. Möwen saßen herum und erschreckten mich mit ihrem Schrei, der dem eines verzweifelten Kindes so ähnlich war.

Übers Wasser zu gleiten, in einer Bucht zu ankern und das endlose Meer um sich herum zu haben, war das nicht das vollkommene kleine Glück, das man auf der Suche nach dem großen so oft vergaß?

Meist kehrten wir am späten Vormittag zufrieden und beeindruckt zurück. Den Rest des Erfrischungsprogrammes übernahm der Pool.

Um die Mittagszeit, die *Siesta*, verbreitete der Hafen mit seinem *Club de vela* meist eine täuschend träge Stimmung, auf spezielle Weise melodiös untermalt: Mit dumpfen Schlägen stießen schwach vertäute Boote fast zärtlich aneinander, metallisches Quietschen von Ketten und Haken als Rhythmusgruppe, hin und wieder entferntes Gemurmel, sanftes Plätschern, Applaus durch leises Klatschen eines Segels. Ein maritimer Orchestergraben. Kein Ort, der zum Reden animierte. Es gab nichts zu sagen. Wunderbar!

Eines Nachmittags fuhren wir ziemlich spät hinaus aufs Meer, weil der Tag anstrengend und ausgefüllt gewesen war. Ruhig lag das Wasser da, nichts deutete auf etwas Besonderes hin. Wir waren ein ganzes Stück von der Küste entfernt und hatten die Motoren abgestellt, als Burckhard mit ausgestrecktem Arm auf eine Stelle vor uns wies: «Psst, Delphine.» Ich schirmte meine Augen gegen die gleißende, niedrig stehende Sonne ab und versuchte, etwas zu erkennen. «Du mußt das Wasser beobachten. Es ist eine ganze Familie, und immer wieder taucht kurz einer auf», flüsterte mein Mann. Sah er etwas, das mir entging? Ich suchte das Meer ab, strengte meine Augen an und wollte gerade eine ironische Bemerkung machen, als gleich zwei Delphine fast synchron in die Luft sprangen und in elegantem Bogen wieder im Wasser verschwanden. Eine Choreographie, um die Esther Williams sie beneidet hätte.

Was für ein Anblick! Über eine Stunde lang tummelten sich die herrlichen Geschöpfe in ihrem Element, ganz nah bei uns. In Erinnerung an «Flipper» hätte ich zu gern eines der Tiere berührt. Durch ihre enthusiastischen Sprünge und ihren Mund, der wie in ein Mondgesicht gemalt zu lachen schien, strahlten sie so viel Frohsinn und Lebenslust aus, daß sich beides sofort übertrug. Auch später hatten wir noch manchmal das Glück, Delphine zu sehen, immer wieder mit der gleichen Wirkung.

Langsam dämmerte es, und wir fuhren an der festlich beleuchteten Küste entlang. In einem Hotel am Ufer spielte eine Kapelle; auf der Terrasse wurde getanzt. Ein schönes, sehr mediterranes Bild wie aus einem Reisekatalog.

Das Boot hatte noch mal Anker geworfen. Laut sangen wir die Melodie mit und brachten durch unsere rhythmischen Bewegungen das Schiff leicht zum Schwanken.

Der richtige Moment, um aus unserer Kühltasche die Flasche Champagner zu holen, die wir in unserer Delphin-Seligkeit vergessen hatten. «Möge es uns nie schlechter gehen als in diesem Augenblick», prosteten wir einander zu. Ich trinke wenig Alkohol, aber es gibt Stimmungen, da sind Wasser und Milch einfach fehl am Platz. Wir holten den Anker ein, summten noch ein wenig mit und machten uns auf den Rückweg zum Hafen. Das Orchester grüßte zum Abschied mit einem letzten Lied. Als ich mich umdrehte, fuhr gerade dicht an der winzigen, noch naturgeschützten Insel *Sa Dragonera*, dem Paradies für Ornithologen, die Fähre vorüber – acht Stunden bis Barcelona. Im kalten Mondlicht blinkten ihre Positionslampen auf wie ein Augenzwinkern.

Es wurde dunkler, die Straßen füllten sich, Zeit, nach Hause zu gehen.

Schon von weitem empfingen uns die Lampen von Cassís, und als wir durchs Eingangstor fuhren, fühlten wir uns willkommen. Ich betrachtete das tiefe Blau des Abendhimmels, das jetzt beim Eintritt in das gelbe Licht des Wohnzimmers zu nächtlichem Schwarz wurde. Burckhard hatte für Musik gesorgt. Die lauten Geräusche der Tiere aus den Ställen wurden durch die vollen Klänge von Beethovens Eroika übertönt.

Zurück zur Hochsaison, einer Phase, in der wir nur das Notwendigste unternahmen und Touristenorte mieden. Aber auch die Zeit, in der sich die meisten Bekannten ankündigten. Viele mußten sich nach den Ferien richten und konnten ihren Jahresurlaub nur jetzt nehmen. Ohne *Finca* hätten wir – trotz aller Freuden Mallorcas – diese heißen Monate am liebsten in Deutschland verbracht. So ändern sich die Vorlieben.

Helga war da, nur kurz, um ein wenig auszuspannen. Ihr Berufsleben ähnelte meinem. Viele Reisen, viele Menschen, viele Worte. Als Kommunalpolitikerin konnte sie ein paar ruhige Tage gut gebrauchen.

Vor sechs Uhr stand ich auf und machte einige müde Gymnastikübungen auf der Terrasse. Helga schlief noch. Erwins Ruf schrillte durch die Dämmerung, unerwartet in der Stille. Ich hob mein Gesicht zum Himmel und genoß die kühle Feuchte der Morgenluft. Für Stadtohren mußte das Krähen eines Zwerghahns wie ein Schuß klingen. Im trüben Frühlicht fand Helga das fremde Geräusch besonders unangenehm. Sie kroch hinaus, suchte und fand die Quelle der Störung: «Mistvieh, grausliges», drohte sie mit geballter Faust. Steif und übernächtigt ging sie wieder hinein, zurück ins Bett. Spätestens zur Bootsfahrt würde sie putzmunter sein.

Um auch den Tieren die Sommerhitze erträglich zu machen, wurden wir immer erfinderischer. In allen Ställen tauschten wir die Winterfenster gegen Rahmen mit luftdurchlässigen Moskitonetzen aus, Burckhard hatte überall Ventilatoren eingebaut; es schien wirklich zu helfen. Der Gänseteich bekam häufiger einen Schuß Frischwasser, so blieb er kühler. Und tatsächlich kamen Gertrud und Gustav besonders gut mit der Hitze zurecht. Sie stürzten sich kopfüber in das, was sie für Fluten hielten, und fühlten sich *cool*.

Eben entdeckte Gustav ein paar Futterreste im Boden. Als sich auch Gertrud näherte, biß er sie in den Hals, böse und fest, statt ihr galant den Vortritt zu lassen. Tja, da hatten wir ganz andere Zeiten erlebt, Phasen der Werbung, Stunden verliebten Schnäbelns. Gustav konnte nämlich sehr zärtlich sein. Doch das ist eine andere Geschichte ... Jetzt war ihm wohl doch die Hitze zu Kopf gestiegen. Alle Hühner wurden – wahrhaftig – zweimal täglich kalt gebadet, was leichter klingt, als es war. Dazu mußten wir erst einmal fast zwanzig Tiere einfangen!! Gegen Mittag erschien ich darum mit besonderen Delikatessen und verführte ein Federtier nach dem anderen, sich in meinen Arm zu begeben. Hatte ich es erst, tauchte ich jedes einzelne – speziell mit der Unterseite der Flügel – ins kühle Naß und hielt es dabei fest.

Nach täglicher Prozedur und kurzer Gewöhnung konnte ich fast jedes Huhn und selbst die drei Hähne loslassen, ohne daß sie aus der Wanne sprangen. Manche planschten sogar noch so lange im Wasser herum, daß ich sie rausscheuchen mußte. Andere zischten davon, sobald ich meine Hand hob. Also kennt auch Geflügel Wasserscheu wie Wasserfreude – ich hatte mich in der «Handhabung» schon bald ganz individuell auf meine Pappenheimer eingestellt.

Das zweite Bad erfolgte am frühen Abend, so daß die Kühlung noch für die Nacht ausreichte. Wenn ich sah, wie sich die vorher apathisch hechelnden Hühner aufplusterten und herumpickten, diese deutlichen Zeichen des Wohlbefindens, dann fühlte ich mich für jede Mühe und auch für meine strapazierte Wirbelsäule entschädigt.

Shubu, die Sternschnuppe

Ich wälzte mich im Schlaf, riß plötzlich den Kopf hoch und lauschte. Burckhard atmete regelmäßig. Etwas war nicht in Ordnung und hatte mich geweckt. Ein Knall? Tastend fand ich den Lichtschalter und zog den Bademantel an, um nachzusehen. Langsam ging ich die Treppe hinunter. Der Schein der Lampe streifte vom Wohnraum aus quer durchs Eßzimmer bis hinein in die Küche. Was mich aus dem Schlaf gerissen hatte, war das Krachen eines umgefallenen Gartenstuhls gewesen. Da lag er, vollkommen zusammengeklappt und so profan. Dabei wehte kein Windhauch. Toya hatte leicht den Kopf gehoben, schaute mich verdrossen an und schlief weiter. Im Nebenraum lagen die Katzen zusammengerollt in ihren Körben, jede für sich, die riesigen, funkelnden Augen jetzt weit aufgerissen.

Eine wunderbare, klare und sanfte Nacht, voller Sterne. Eine Nacht der magischen Intuition. Ich sog die Luft in mich hinein und hatte das Gefühl eines besonderen Augenblicks.

Am nächsten Morgen hörten wir von einer Hundezüchterin in Alcudia, die ihr Haus verlassen mußte und alle Tiere entweder verkaufen oder einschläfern lassen wollte. Wir fuhren dorthin, quer über die ganze Insel, hinauf in den Norden, zuerst nur mit der Absicht, Schlimmes zu verhindern. Schon am Tor empfing uns jede Menge Gebell in unterschiedlichen Tonlagen. Offensichtlich hatte sich die Dame nicht auf eine Rasse festgelegt. Ein undefinierbarer Koloß, der Chéri genannt wurde, saß behäbig neben der Tür und schaute nur kurz auf, als wir das Grundstück betraten. Durch ein

Gatter gebändigt, bellten zwei gestromte Doggen, eine Hündin hatte vor kurzem deutlich sichtbar nicht zum ersten Mal geworfen – ihr Bauch mit dem geschwollenen Gesäuge hing fast auf dem Boden. Zwischen Chéris Pfoten lag ein Welpe, ein weiterer auf dem Fliesenboden vor einer Wand. Wir erfuhren, daß diese zwei Babys verkauft oder eingeschläfert werden sollten, die drei großen Tiere wollte die Züchterin in ein anderes Domizil mitnehmen. Wegen des hellen Felles wurde das Kleine im Arm des Riesen Rubia genannt. Während das andere, etwas dunklere schlief, schmuste Rubia, eine Hündin, mit Chéri. Die Züchterin hob sie auf ihren Arm und wurde zum Dank gleich abgeschleckt.

Um uns herum stank es und war schmutzig. Die Hunde lagerten auf kalten Steinen, für Welpen sicher alles andere als gesund. Trotzdem wirkte das Baby unglaublich freundlich und vital. Wir nahmen es gegen Zahlung von umgerechnet fast zweitausend Mark mit. Die Eltern sollten sogenannte Champions sein, die Papiere wiesen erstklassige Rasse aus, die Umgebung weniger. Vielleicht würde ja dieser stolze Preis den anderen Hunden ein besseres Leben bescheren, und nicht nur ihren Züchtern.

Eine Schweizerin, die auch von dem Problem gehört hatte, hielt den zweiten Welpen im Arm, bezahlte nach uns und verabschiedete sich winkend. Uns gingen die gleichen Gedanken über Sinn und Unsinn von Züchtungen, über Erpressung und skrupellose Gier durch den Kopf, aber in diesem Moment wollten wir nicht mehr darüber nachdenken.

Das Tor schloß sich hinter uns. Wir verabschiedeten uns von dem Namen Rubia, vom Gestank und der merkwürdigen Hundegesellschaft.

Spontan beschlossen wir, daß unsere Hündin Shubu heißen sollte. Durch Toya hatten wir genug Körbe, Matten, Halsbänder – Cassís und wir standen parat, «bei Fuß» für einen neuen Bewohner.

Bereits die erste Autofahrt mit unserer Shubu war ein Erlebnis. Da saß dieses acht Wochen alte Baby ruhig in meinem Arm, drückte sich ohne jede Scheu an mich und schaute neugierig von mir zum Fenster und zurück. Ihre schwarze Maske verband in einem zarten Bogen beide Augen, als trüge sie eine Brille, äußeres Symbol ihrer Klugheit. Sie roch wie ein Menschenkind, ganz anders als Toya.

Von Anfang an war Shubu ausgesprochen unkompliziert. Sie kam mit jeder Situation und jedem Lebewesen zurecht. Wir staunten über soviel Anpassungsfähigkeit und angeborene Heiterkeit. Man brauchte sie nur anzusehen und bekam schon gute Laune. In kürzester Zeit war sie stubenrein. Bis dahin mußten wir sie jeden Abend in ihre separate Hütte bringen, und fast immer ging sie klaglos mit, legte sich auf ihre Matte, spielte noch ein wenig mit ihrem kleinen Knochen und schlief ein. Manchmal zog sie die Verabschiedung ein wenig hinaus, tobte derart putzig herum, daß wir vor lauter Lachen fast vergaßen, sie ins Bett zu bringen. Shubu konnte alles ausdrücken, auch ohne die menschliche Sprache.

Ich hatte mein Leben lang Hunde gehabt, aber so einer war mir noch nie begegnet.

Allerdings erinnere ich mich auch an einen Abend in der ersten Woche, der nicht so harmonisch verlief. Es war die schmerzhafte Anfangsphase des Kämpfens, gegen Gefühle und für Konsequenz. Am liebsten hätte ich Shubu ja mit zu mir ins Bett genommen, doch ich brauchte mir darin nur die ausgewachsene Dogge vorzustellen, um diesen Wunsch sofort zu vergessen. Es galt: «Wehret den Anfängen.» Außerdem hätte mein Mann ohnehin gestreikt. Hund im Bett kam nicht in Frage.

Shubu hatte sich in ihrer Hütte bereits niedergelegt und fiepte leise hinter mir her, als ich sie mit dem üblichen Riesenkloß im Hals verließ. Diese Nacht war ich allein und konnte schlecht einschlafen.

Von einem Geräusch erwachte ich und sah auf die Uhr. Erst eine halbe Stunde vergangen. Jämmerliche Schreie drangen an mein Ohr. Ich lief zum Schlafzimmerfenster, und tatsächlich kamen die Klagelaute aus Shubus Richtung. Eine Weile hielt ich mich an den Jalousetten fest, entschlossen, nicht nachzugeben. Als wüßte sie von meinem Dilemma, schrie Shubu lauter. Nachts um ein Uhr würde sie damit das ganze Tal wecken. Armes Kleines! Eilig lief ich nach unten, wo mich ein hellwacher Toya mit gerunzelter Stirn empfing. *So ein Aufstand mitten in der Nacht.*

Auf dem Weg zur Hütte verharrte ich ein paarmal, in der Hoffnung, das einsame Hundebaby würde endlich einschlafen. Es heißt, aus erzieherischen Gründen solle man Welpen weinen lassen. Das hatte man mir auch nach der Geburt meines ersten Kindes in bezug auf Babys gesagt. Sonst sei man Nacht für Nacht deren Willkür ausgesetzt. Schon bei meinem Sohn hatte ich mich häufig als schwach erwiesen und dessen «Willkür» still(end)schweigend in Kauf genommen. Warum sollte nun dieses kleine Wesen leiden? Wahrscheinlich wissen alle Menschen außer Eltern und Tierhaltern, wie man Kinder und Tiere erziehen muß ...

Schon öffnete ich die Tür, hielt die glückliche Shubu fest im Arm, legte mich zu ihr auf die Matte und streichelte sie so lange, bis nicht nur sie, sondern auch meine sämtlichen Glieder eingeschlafen waren. Mein kleines Hündchen hatte sich einsam gefühlt. Mir ging es ebenso, ohne Burckhard, der geschäftlich in Malaga war. Wie Shubu schlief ich heute allein. Und nun hatten wir einander getröstet.

Mein Gewissen blieb unbelastet – ich fühlte mich blendend!

Schon Shubus erste Begegnung mit Toya prägte das spätere Verhältnis entscheidend. Nie vergesse ich den Moment, als ich das Häuflein Hund vor die riesige Dogge hielt. Toya schnüffelte und schnüffelte an dem kleinen Päckchen, das ich kaum noch halten konnte. Erst einmal abgesetzt, wedelte unser Winzling völlig unbeschwert um Toya herum, der ihr doch wie ein überdimensionales Monument erscheinen mußte. Unbeeindruckt torkelte sie zwischen die vier säulenartigen Beine, spielte und freute sich so sehr, daß sie mehrfach umfiel.

Das Problem lag bei Toya. Verwirrt und skeptisch betrachtete er den Zwerg, der so aufregend roch und damit sein Interesse wachhielt. *Was, um Himmels willen, war das? Oder was sollte es werden?* Wir kamen aus dem Lachen nicht heraus.

Für einen großen Hund ohne Welpenerfahrung bewegte sich Toya instinktiv extrem vorsichtig. Dafür bewunderten wir ihn, ließen ihn aber trotzdem nicht aus den Augen. Zu groß war die Gefahr einer unbeabsichtigten Verletzung. Eines konnten wir sofort erkennen: Bei Shubu hatte der Liebesblitz eingeschlagen. Toya blieb ihr *Maestro*, der niemals durchschaute, daß eigentlich *sie* die Überlegene war. Kommt Ihnen das bekannt vor?

Shubu entwickelte sich vom Welpen zu einer kleinen, kompakten Dogge, einem Wesen, das jeder, wirklich jeder, liebte. Auch Menschen ohne Hundezuneigung. Sie blieb reserviert, wo es ihr passend schien, war ohne Aggression, dabei mutig, tapfer, hellhörig und stets zum Schmusen bereit. Damit lief sie später sogar Schwein Frieda den Rang ab. Ihre Erziehung erfolgte nach dem Prinzip *learning by doing*, sie schaute sich alles von Toya ab und begriff unglaublich schnell, worauf es ankam. Shubu brachte Toya dazu, stundenlang das Grundstück zu durchstreifen, sich mit den Ziegen und Schafen zu arrangieren, und erst wenn sie einem Besucher freundlich entgegenwedelte, ließ sich manchmal auch Toya dazu herab. Sie besaß die seltene Begabung, sich und ihr Umfeld aufeinander einzurichten, Atmosphäre zu schaffen und damit so pflegeleicht zu sein, wie ich es nie für möglich gehalten hätte.

Shubu war die personifizierte Zärtlichkeit, während Toyas Lust auf Schmuserei sich zusehends reduzierte. Er war ein ruhiger Rüde, bellte selten, nie grundlos. Fremde wurden lange vor Erreichen des Tores gesichtet und lautstark angekündigt. Bei der ersten Witterung unterbrach Toya jede Tätigkeit, sein Fell stellte sich auf, mit einem kehligen, leise grollenden Knurren starrte er in die Ferne und wartete ab. Er gähnte quietschend wie ein ungeöltes Scharnier, schüttelte sich, daß kleine Fellteilchen nur so durch die Luft wirbelten und im Sonnenlicht wie Goldregen auf die Steine fielen. Angriffsbereit, in Verteidigungsposition, verharrte er bis zur freundlichen Begrüßung unsererseits. Seine Größe erlaubte es ihm, bei Prüfung der Person direkt zur Sache zu kommen. Der «Zentralpunkt», speziell bei Männern, war seine erste Kontaktstelle, aber auch Frauen gegenüber hielt er sich nicht lange mit alberner Zurückhaltung auf und grub seinen Kopf fest in deren Schoß. Fremde hörten dann von mir schnell ein verschämtes «Pfui, Toya». Manchmal sah ich aber auch nur verstohlen an der Szenerie vorbei. Anders als Shubu. Die blickte dauerhaft bewundernd zu ihm auf.

Toya konnte endlos lange liegen, den dicken Kopf platt am Boden, und Ameisen studieren: mit der Erde als Leinwand sein schönster Film. Störte ich ihn, stapfte er ergeben neben mir her, trotz aller Gemütlichkeit immer wachsam.

Beide Hunde spielten viele Stunden am Tag miteinander, wobei Shubu Toya diplomatisch den Vortritt ließ. Sie waren unzertrennlich.

Anfangs hielt Toya Shubu für eine Art Gummibärchen, legte sie sich mit seinen Riesenpranken als appetitlichen Happen zurecht und versuchte, sie herumzukullern. Damals fand Shubu das Spiel lustig. In dieser Zeit war Toya oft eifersüchtig und ärgerte sich darüber, daß der *Bonsai* auf meinen Schoß durfte, dort auch hinein-

Mallorca vor der Kamera:
Mit Sir Peter Ustinov,
Goldie Hawn, Julio Iglesias

Badeparadies Cassís

Stein auf Stein zum Paradies:
Cassís, noch unbearbeitet (oben),
und während der Bearbeitung (unten)

Die Terrasse ist fertig (oben) und endlich auch La Casita Azul (unten)

Gabriel mit neuen Zähnen

Toya zeigt lieber die Zunge

Schwein muß ich haben – Frieda klein und Frieda groß

André im Olivenbaum – und mit Mutter im Blumenmeer

Chou-Chou schmust in Frauchens Arm

paßte, und er nicht. Dabei ging es nicht immer sanft zu. Doch inzwischen konnte ich nur staunen, wie zart und lieb Toya seine Gefährtin behandelte. Umgekehrt sowieso.

Gesund oder krank, wach oder schlafend – Shubu war das geräuschvollste Tier, mit dem wir je zu tun hatten. Nichts ließ sie unkommentiert. Sie bellte, knurrte, gurrte, schluchzte, seufzte – und schnarchte wie ein kanadischer Holzfäller. Sie schlief ungern, im Gegensatz zu Toya, und begleitete jeden Schritt mit einer Art musikalischer Untermalung. Freute sie sich, fiel sie fast um vor lauter Wedeln, wobei sie glucksend fiepte. Tiefe Seufzer waren Enttäuschungen vorbehalten, und auch für andere Gelegenheiten fand sie den passenden Ton. Ihrer phonetischen Präsenz konnte niemand entrinnen.

Wenn Toya in seinem Lieblingsstrandkorb lag, den er in ganzer Länge ausfüllte, hockte Shubu vor ihm, legte bittend eine Hand auf den Sitz und gurrte wie eine Taube. Ließ er sich nicht erweichen, lief Shubu auffordernd außer Sichtweite und bellte, als seien feindliche Armeen eingedrungen. Manchmal klappte die List, manchmal nicht. War der Strandkorb endlich frei, sprang die Kleine hinein, rollte sich auf Dackelgröße zusammen und lud Toya zu sich ein. Der verzichtete meist, indem er sie kurz verächtlich musterte, sich umdrehte und lässig davontrottete. Kroch er aber dazu, so bot sich uns ein Anblick mit Seltenheitswert: Riesendogge im Strandkorb, beide Hinterläufe herunterhängend, zwischen großen Pfoten graziös hingegossen eine geschrumpfte Dogge, zuversichtlich vor sich hin schnaufend.

Gedanken an Begriffe wie Zuversicht und Liebe ließen mich in Erinnerung versinken.

Einmal, als alles ohne Zukunft schien, ein Raum voller fassungsloser Hindernisse, von denen man sich nie ganz erholen würde, beschloß ich, Häme und Hader aufzugeben wie manche das Rauchen. Sofort und für immer.

Vielleicht aber hat jede Not ihre Rettung? Meine war ein Gemisch aus optimistischem Willen, positiven Gefühlen, der Liebe anderer, die wie eine warme Decke über mich gelegt wurde, und vernünftigen Ärzten. Noch einmal stellte sich meine Welt auf den Kopf, freudig, dankbar, ohne Skepsis akzeptiert.

Häßliche Gedanken gaben das Kungeln auf, Energie und Kraft nahmen zu – Hilfe gegen Ungerechtigkeit und Intrigen. Jedenfalls arbeitete ich daran, mal mehr, mal weniger erfolgreich.

In einer Welt der Strategie und Taktik hatte ich mich für das offene Wort, den klaren Text entschieden. «Naiv» zu sein wurde oft gleichgesetzt mit Dummheit. Ich aber wollte mir gerade Naivität, eine kindlich unbefangene Sichtweise, gern bewahren. Es gab wenig genug, das dem Kinderauge gefallen konnte.

Sicher hatte die Veränderung auch damit zu tun, daß ich mir immer mal wieder Platz schuf. Erloschene Beziehungen, nur noch durch Gewohnheit und Konvention erhalten, brach ich ebenso ab wie die zu destruktiven Einbahnstraßenexperten, die alles nahmen, ohne zu geben. Nicht erbost, nicht verbittert, doch der Endlichkeit meines Lebens bewußt. Mallorca als beliebter Besuchsort wirkte dabei wie eine Lupe. Insel der Wahrheit, hier kam alles ans Licht. Schnell und unerbittlich. Urlaubsträgheit förderte undifferenzierte Äußerungen – man sah plötzlich klarer.

Ich liebte Langeweile, nämlich lange zu weilen, bei etwas, mit etwas. Das Wort in seinem Ursprung gefiel mir schon als Kind, und für seine Umsetzung benötigte ich Zeit. Zeit zum Zuhören, zum Eingreifen, zum Dasein. Einige Menschen in meinem Umfeld verbrauchten davon viel zuviel. Von ihnen trennte ich mich, gleichgültig gegenüber beruflichen oder privaten Nachteilen. Übung in Courage. «Der Fernsehbetrieb ist eine gigantische Maschinerie, die sich nur um sich selbst dreht» – wer immer das gesagt hat, hatte nur bedingt recht. Ein paar altruistische Kollegen waren mir auch dort begegnet. Nicht sehr viele. Die meisten hatten im Laufe ihres Aufstiegskampfes eine Handvoll Lob und ein Magengeschwür bekommen, oft die Wurzel von zunehmendem Zynismus. Ich wollte mich unbedingt davor schützen. Auch durch Distanz.

Diese Konsequenz kostete Kraft, sparte mir jedoch letztlich mehr davon. Belastbarkeit und Zeit, die ich nun mit anderen teilen konnte, die mir wirklich viel bedeuteten. So habe ich mittlerweile meine Balance gefunden.

Auf Mallorca hatte auch Sabina dazu beigetragen, eine lebenshungrige Freundin mit großen Plänen und Zielen. In all den Jahren war das, was sie Glück nannte, immer etwas weniger geworden, als es hätte sein sollen. Lange Phasen des Erfolgs, der Hektik, wurden plötzlich von tiefer Sehnsucht nach Zufriedenheit unterbrochen, der Zufriedenheit eines Tages, der dem vorigen ähnelt, vorhersehbar, ohne Euphorie und Kampf. Warum war ihr gerade das einmal so erstrebenswert erschienen? Enttäuscht, lustlos, voll verirrter Ideale konnte Sabina eines Morgens nicht mehr schlucken. Der Frühstücksbissen blieb ihr buchstäblich im Hals stecken.

Wer dachte schon beim Umzug in ein Sonnenparadies an Krankheit? Sabina ebensowenig wie die meisten anderen. Zwar ist die medizinische Versorgung auf Mallorca nicht schlechter als die deutsche, aber die Sprachbarriere doch ein Problem.

Psychologische Hilfe brachte Sabina allmähliche und schmerzhafte Eingeständnisse: bedeutungslose Freundschaften aus Geschäftsinteresse, Beziehungen, die nur aus Verlustangst erhalten wurden, eine Ehe, die längst keine mehr ist, verlogene Landflucht. Nichts gepflegt, nichts gegeben, wenig bekommen, und wenn, nur

Materielles. Nun, zu Beginn ihrer neuen Lebensphase, sollte Sabina lernen, Angst zu verlieren, sich um Inhalte zu bemühen, die sie sich *wirklich* wünschte, und sie sollte Liebe neu erfühlen. Sie wußte, sie hatte einen Teil ihrer Seele verlassen, verleugnet, ein Schmerz, dem sie sich lange nicht stellen mochte.

Das alles erlebte ich sehr bewußt mit; auch ich wollte höhere Dimensionen erreichen, alle und alles gleich stark lieben, toleranter sein, Verständnis haben, «Feinde» nicht bekämpfen ... So schwer es war, ich versuchte es immer wieder.

Aber schon bei den Tieren zum Beispiel habe ich Shubu immer ein bißchen bevorzugt, als wüßte ich, daß sie mehr Sternschnuppe als Hündin war.

Mallorca vor der Kamera

Dreharbeiten auf Mallorca. Ich freute mich unbändig darauf und hatte alles lange vorbereitet. Nach getaner Arbeit würde ich nach Hause kommen, nicht in ein Hotel, könnte auftanken und am nächsten Tag erfrischt weitermachen. Das Team traf ein, bezog Quartier in meiner Nähe. Wir wollten nicht die üblichen Touristenorte zeigen, nicht den «Ballermann» und vollgestopfte Strände, sondern Besonderes, Inselspezifisches. Und dabei die Prominenten besuchen, die hier lebten oder deren Lieblingsinsel Mallorca war. Ich hätte gern im Juni gedreht, aber es wurde doch fast August, ehe wir richtig loslegen konnten.

Nicht alles lief so, wie ich es mir vorgestellt hatte, nur «meine» Insel lernte ich noch besser kennen: den kleinen, auch im Hochsommer noch grünen Ort *Orient* mit seinen ausgedehnten Apfelplantagen, fernab von jedem Rummel. Bereits die Fahrt dorthin war ein Ereignis. Oder die Strecke zum *Hotel Formentor*, das mich bisher nicht interessiert hatte, jetzt aber mein Treffpunkt mit Sir Peter Ustinov sein sollte. Er erwartete dort seine französische Frau. Zusammen wollten sie mit dem eigenen luxuriösen Schiff auslaufen, wobei das Hotel nur kurzfristig als Stützpunkt diente. Sir Peter erzählte mir von seinen Kindern, die allein mit ihm aufgewachsen waren, beschrieb Frauen als «geheimnisvolle, kapriziöse Wesen» und sang für mich die Papageno-Arie. Sein Haus auf Mallorca hatte er verkauft und gegen die Yacht eingetauscht: «… so entspricht's mir mehr». Bei unserem Spaziergang blieben Kopf und Beine kühl, der von Queen Elizabeth Geadelte bevorzugte lässige Kleidung: ein helles, poröses Hemd, Sandalen, nicht mehr. Obwohl ich ein einfaches, leichtes Sommerkostümchen gewählt hatte, fühlte ich mich *overdressed*.

Bei fast vierzig Grad mit extrem hoher Luftfeuchtigkeit trug ich manchmal mehr als zwölf Stunden lang Fernseh-Make-up und «vorzeigbare» Garderobe, während alles um mich herum im erfrischenden Wasser planschte oder – wie mein Team – wenigstens äußerst leger gekleidet war. Dann schielte ich schon ab und zu sehnsüchtig auf das Urlaubsbild um mich herum.

Licht war für uns wichtig, aber es durfte nicht zu grell sein. Für mich bedeutete das: häufig aufstehen um vier Uhr früh, schminken und frisieren, damit mein Interview in einem üppigen Garten am anderen Ende der Insel gegen neun Uhr stattfinden konnte. Dafür war es weniger heiß, ein Vorteil, den ich immer mehr zu schätzen wußte.

Oft kam ich erst gegen Mitternacht nach Hause, wo mich Rollen voller Fax-Informationen erwarteten. Damit bereitete ich mich auf den nächsten Tag vor und legte meine Kleidung zurecht. Eine Aktion, die viel Zeit erforderte, zumal sich mancher Dreh spontan ergab und sich auch dauernd etwas änderte. Vorsichtshalber nahm ich «Ersatzteile» mit. Was sollte ich bloß in der Wohnung der Prinzessin von Schweden anziehen oder für mein Rendezvous mit dem mallorquinischen Bankpräsidenten?

Es war eine Zeit mit wenig Schlaf, aber vielen Eindrücken. Einen Unterschied zwischen Hotel und Cassís merkte ich kaum noch. Für Familie, wieder fast komplett anwesend, oder Tiere hatte ich keine Zeit. Dafür freute ich mich über Impressionen, gerade während der Fahrten zu einem Drehort. Immer wieder eröffnete sich uns ein neuer, sensationeller Panoramablick – gelegentlich durch einen deprimierenden Alptraum verdüstert. Auf den romantischen Wegen durch kühle Pinienwälder lagerten zwischen den Bäumen rostige

Wracks, verfaulte Matratzen und Rudimente von Möbeln. Ignorante Verachtung der Natur. Dabei gab es eine gut funktionierende Müllabfuhr, die auch sperrigen Abfall bewältigte.

Gleich hinter der nächsten Ecke hielten wir dann erneut den Atem an, diesmal nicht wegen des Gestanks, sondern überrascht und bezaubert von der Bucht, den Farben und der unendlichen Schönheit.

Goldie Hawn und ich hatten uns schon vor mehreren Jahren kennengelernt. Sie kam gern nach Mallorca, früher sogar häufig mit ihren Kindern. Jetzt fuhren wir mit einem herrlichen Schiff hinaus aufs Meer und hatten viel Spaß miteinander. Zwischen ihren munteren Erzählungen machte Goldie ab und zu ein Nickerchen. Urplötzlich legte sie sich dazu in ihrem Liegestuhl zurück und war nach wenigen Sekunden eingeschlafen.

Wie gern würde ich das auch können! Zehn Minuten und zwei Buchten später blickte der amerikanische Filmstar mit klarer Iris um sich und begann mit einer neuen Geschichte, als hätte es die Ruhepause gar nicht gegeben.

In ihrer Begleitung befanden sich drei Frauen: eine Freundin, zwei Mitarbeiterinnen. Offensichtlich hatte Miss Hawn ebenso gute Erfahrungen mit Frauenteams gemacht wie ich.

Wir lachten viel, auch als Paparazzi unser Schiff entern wollten und wir nach kurzer Beratung eine Kooperation mit ihnen für die ungefährlichere Lösung hielten. Goldie Hawn posierte freundlich professionell, was alle Interessenten erst mal zufriedenstellte. Oft ein probateres Mittel als Flucht.

Ein anderes Mal drehten wir auf einer ländlichen *Granja* bei Soller, die für Urlauber umgebaut worden war. Wo früher Kühe nächtigten, residierte man heute luxuriös, jahrhundertealte Gerüche inklusive. Neugierig sah ich mir die verwendeten Materialien an. Auch hier hatten die Besitzer alles sehr natürlich belassen, dafür edles, üppiges Mobiliar gewählt. Ein neuer Erwerbszweig, der von der Regierung unterstützt wurde, um ertraglosen Bauern eine lukrative Alternative zu bieten, den sogenannten *Agroturismo*. Für die autonome Inselversorgung nicht unproblematisch.

Ein Abendessen im hervorragenden Restaurant des Herrenhauses befand sich in Arbeit. Vorher schlenderte ich mit Sabine Christiansen durch den aromatisch duftenden Zitronenhain, der sie zu neuen Rezepten inspirierte.

Weitere Kollegen und einige Vertreter der Inselprominenz gesellten sich zu uns. Ein Abend im Kerzenschein unter stahlblauem Himmel, an dem silberne Sterne wie eine Festbeleuchtung klebten. Die Luft voller Gerüche und Geräusche. Uns kamen die Nächte kurz vor, die Tage unendlich lang. Bis in die Morgenstunden konnten wir draußen sitzen und zuschauen, wie das Wachs der Kerzen kunstvolle Muster bildete. Es war der kurze Augenblick, in dem ich nichts mehr in Sekundenschnelle «packen» mußte, der Moment, in dem die Spannung nachließ.

Während der mehrwöchigen Dreharbeiten stieg ich hinab in die Keller von Bäckern und Winzern, schwelgte in schönsten spanischen Stoffkollektionen, kletterte durch Schafställe und ließ mich anknabbern. In der Nähe von Palma bewirtschaftete ein Althippiepaar eine heruntergekommene Finca und züchtete dort Ziegen. Kaum stand ich im Stall, war ich auch schon von einem neugierigen Haufen umzingelt, der durch eine lose in den Angeln hängende Tür hereinstürmte; mindestens fünfzehn, zwanzig randalierende braune Zicklein, knie- bis oberschenkelhoch. Ich hatte hin und wieder über das Meckern meiner Ziegen gemeckert. Jenes Konzert belehrte mich nun eindringlich über einen wichtigen Unterschied: zwischen «melodisch», wie unser feines Ziegenpaar sich äußerte, und «dissonant», den Tönen, die hier mein Ohr verletzten.

Während ich ein besonders anhängliches Tier auf den Arm nahm, das meinen Zeigefinger schnappte, um versunken daran zu nuckeln, spürte ich ein Zerren und Reißen in meinem Rücken. Kurzum: Am Ende dieses Streifzuges wies meine lange, weite Hose ein neues Muster auf: Lochstickerei, der Saum um zwanzig wichtige Zentimeter verkürzt, sauber perforiert. Diese Szene wurde nie gesendet. Wie schade!

In Randa besuchte ich schwarze Schweine, die *porcelas negras*, mit ihrem skurrilen, seltsam abwesenden Hirten, kletterte mit gut verhüllten Beinen auf Berge (Sträucher und Gräser sind tückisch) und fuhr mehrfach die atemberaubenden Küstenstraßen entlang. Mitunter ging unser Chauffeur mit halsbrecherischen Fahrten die Serpentinen hinunter große Risiken ein. Glücklicherweise blieb aber der Verkehr hier im Landesinnern überschaubar. Die Insel war voll, doch abseits der ausgetretenen Pfade merkten wir nicht allzuviel davon.

Die Sommerhitze leerte die Straßen Palmas. Erst am Abend würden sich die Cafés und Restaurants füllen. Vögel hockten mit offenen Schnäbeln, nach Kühlung japsend, im Schatten weniger Büsche. In den engen Gassen staute sich die Wärme, Mallorquiner blieben hinter geschlossenen Fensterläden und dicken Mauern verschanzt, innen Dunkelheit und Frische.

Die Blechlawinen auf den Straßen ergossen sich nur in eine Richtung, suchten ihren Ruhepol rund um die Stierkampfarena.

Hier hatte ich vor vielen, vielen Jahren fassungslos auf das Massaker vor mir gestarrt, bei dem ich wütend mit Obst und Sitzkissen beworfen wurde, als ich verzweifelt schluchzend die hinter mir ansteigende Masse fragte, wie sie dieses Elend bloß bejubeln könne.

Nicht allein das des Stieres, auch das der gemarterten, stimmlosen Pferde. Damals mußte ich das Stadion verlassen, gegen Brechreiz kämpfend und wüst beschimpft. Später, bei Demonstrationen gegen den Stierkampf, stand ich einige Male mit vielen anderen vor dem Eingang, arrogant ignoriert oder angerempelt von *Aficionados*, den Fans. Sportlicher Kampf? Ohne Überlebenschance für die Tiere?

Nun gab es einen erfreulicheren Anlaß, die Arena zu betreten. Am Vormittag hatte ich mich bereits mit dem Traum vieler Frauen getroffen, mit Julio Iglesias. Jetzt würde er das riesige Rund mit Menschen füllen, die seine Lieder hören wollten, und wir durften ihn, die Atmosphäre und sein Publikum dabei filmen. Das Rot dieses Abends bestimmten Rosen statt Blut.

Vor zwanzig Jahren hatte ich Julio Iglesias schon einmal interviewt, als er gerade seine ersten Erfolge feierte. Damals fand ich ihn galant, bescheiden und angenehm. Mein Typ war er nicht. Umgekehrt schien es anders zu sein, denn er überschüttete mich mit wilden Komplimenten bis zum dramatischen Kniefall. Mich amüsierte das. Nichts an ihm war trotz seiner feurigen und anhaltenden «Werbung» aufdringlich, so daß ich ihn in freundlicher Erinnerung behalten konnte. Als wir uns hier wiedersahen, erzählte ich ihm von damals. Höflich tat er zumindest so, als erinnere er sich. Einen besonderen Augenblick fing unsere Kamera nicht ein: Julio, ganz *latin lover*, nahm meinen Kopf zwischen seine Hände und fragte indiskret: «Sag mal, wie alt bist du jetzt eigentlich?»

«Wir sind gleichaltrig, mein Lieber», antwortete ich. «Ich mochte die zwanzig Jahre einfach nicht ohne dich weiter vorrükken.» Lachend küßte er mich und ließ mich ziemlich verlegen zurück.

Nun, am Abend, stand seine zweiundzwanzigjährige Derzeitige dicht bei ihm, schön, glücklich und aufgekratzt.

Einen Moment lang sah der älter gewordene Julio die älter gewordene Alida an, lächelte und wandte sich seinem Orchester zu.

Beim Interview am Vormittag hatte das Kamerateam einige Auflagen beachten müssen, die das Management von Señor Iglesias vorgab. Ein bestimmter Abstand zum Künstler, Aufnahmen nur von einer Gesichtsseite, Hände und andere Körperteile durften nicht aufs Bild. Auch ich sollte nicht näher als zwei Meter an den Maestro heran. Nun, diese Distanz hielt er dann selbst nicht ein.

Derartige Ansinnen wurden übrigens nicht zum ersten Mal an uns gestellt, sie sind eher üblich. Kameraleute und Fotografen können ein Lied davon singen. Die Angst vor dem Alter sitzt vielen Menschen in Öffentlichkeitsberufen peinigend im Nacken, Ärzte und Kosmetik sollen ewige Schönheit garantieren, Illusionen erhalten. Ein Wettlauf, den keiner gewinnen kann.

In all den Jahren habe ich immer mehr den Eindruck gewonnen, die größte Epidemie in der Welt ist die Einsamkeit. So viele Menschen sind auf der Suche nach Liebe, die sie durch Schönheit, Ruhm, Geld und Gesundheit sichern wollen, und es doch nicht schaffen. Gerade unter den Beneideten, den Reichen, den Berühmten, begegneten mir oft Verlorene, für die der Sinn des Lebens darin zu bestehen schien, es möglichst prall und schnell hinter sich zu bringen oder sich vollständig abzukapseln. Ironischerweise entspricht das vielen Klischees. In anderem Gewand, nicht weniger deutlich, zeigte sich Einsamkeit in Tausenden von Zuschauerbriefen, die ich ebenso wie viele andere Kolleginnen und Kollegen erhielt. Einige hatten wohl außer «Fernsehgesichtern» kaum Ansprechpartner. Mir tat das sehr leid, und es half nur wenig, daß ich so oft antwortete, wie ich konnte.

Bergfest feiert man, wenn die Hälfte des Berges erklommen ist, der Film noch einmal so lang werden soll. Wir hätten diesen besonderen Tag vor lauter Arbeit fast vergessen; nicht so Burckhard. Der organisierte ein großes Schiff und lud die ganze Mannschaft zu einer abendlichen Mittelmeerfahrt ein, die vor einem Restaurant in Sant Elm enden sollte. Idyllisch und rustikal zugleich. Meine Redakteurin orderte dort das delikate Abendessen, eine Riesenpaella wie aus der Spülmittelwerbung, wir entspannten uns, lachten und feierten mit allen anderen um uns herum. Urlaubsillusion.

Sehr spät steuerte der Meinige uns übers mitternachtsblaue Wasser zurück ins Schwarze hinein, bis endlich Lichter auftauchten und die leicht gruselige Romantik der totalen Dunkelheit auflösten.

An manchen Drehtagen wußte ich nicht mehr, was ich anziehen sollte. Mein Kleiderschrank war ausgeräumt, alles bereits getragen, kombiniert und vermischt. Die Reinigung kam kaum noch nach. Ich fand, Zuschauer hatten ein Recht auf ein modisches Outfit, sonst könnte man ja Hörfunk machen. Und tatsächlich bekam ich viele Anfragen nach Herstellern, freundliche Komplimente zu diesem oder jenem Kleid, aber auch Anregungen, die mir gefielen. Ohnehin war alles Geschmackssache. Schon im Team gab es völlig konträre Ansichten. Wollte der Regisseur mich gern im lässigen Leinenanzug sehen, bevorzugte meine Maskenbildnerin das taillierte Kostüm mit dem V-Ausschnitt. Der Redakteurin gefiel etwas anderes als dem Kameramann, meinem Mann das Gegenteil von meiner Freundin, und so blieb letztlich alles an mir hängen. Im wahrsten Sinn des Wortes.

Bei der Hitze schätzte ich natürliche Materialien; Leinen, auch wenn die Knitterei gelegentlich nervte, Baumwolle und Seide. Aber was ich auch wählte – am Ende des Drehtages war es nur noch ein Lappen.

Manchmal gab es innerhalb weniger Stunden Fahrten vom Süden der Insel in den Norden und zurück, dazwischen ein bis zwei Moderationen und Gespräche mit Gästen. Konnten wir uns den Luxus einer Mittagspause leisten, so nutzten wir sie für redaktionelle Besprechungen oder zum Ansehen des Filmmaterials. Es war eine sehr intensive, anstrengende, aber vor allem erlebnisreiche Zeit.

Ähnlich geschmacksabhängig und schwierig wie bei der Garderobe waren die Auswahlkriterien auch für andere Bereiche der Sendung. So stöberten wir zum Beispiel immer wieder neue, interessante «Tips» auf. Sollten wir unseren Zuschauern lieber den Schuster vorstellen, der alles noch mit der Hand anfertigte, oder doch eher den Glasbläser in seinem mittelalterlichen Ambiente? Die originelle Bäckerei oder das Weingewölbe? Den Fischer mit seinen Netzen, die er, vor seinem Boot hockend – paradoxerweise im Schneidersitz –, flickte oder das touristische U-Boot? Golf, Segelregatta oder Radrennen?

Mallorca bot so viel, für uns die Qual der Wahl. Dazu kamen dann die exquisiten, kleinen und noch relativ unbekannten Hotels, die wir entdeckt hatten, von den reichlich vorhandenen Restaurants nicht zu reden.

Ich hatte geglaubt, in jeweils fünfundvierzig Minuten Sendezeit das «andere» Mallorca in seiner ganzen Vielfalt präsentieren zu können. Jetzt wußte ich, unsere Zuschauer würden nur einen kleinen Teil zu sehen bekommen.

Beharrlich hielt sich das Gerücht, Diandra (seine mallorquinische Ehefrau) und Michael Douglas würden sich trennen, dieses Jahr sei er deswegen bestimmt nicht auf der Insel. Ich hatte gute Kontakte, und auch die Redaktion setzte alle Verbindungen ein, um ihn besuchen zu dürfen. Lange sah es sehr gut für uns aus. Goldie Hawn, die meistens auf *«S'Estaca»* – der Finca von Douglas – wohnte, hatte sich jedoch diesmal anderswo einquartiert; deutliches Zeichen für einen gewissen Wahrheitsgehalt des Inselgeflüsters. Andererseits gab es gerade um Douglas dauernd irgendwelche Spekulationen.

Wir warteten ab und erfuhren dann: «Nun ist es sicher, Michael Douglas kommt nicht, es riecht ernsthaft nach Scheidung.» Trotz unserer Ahnungen war die Enttäuschung groß. Immerhin veranstaltete gerade er aufwendige Feste mit Gästen wie Jack Nicholson, Arnold Schwarzenegger, seinem Vater Kirk und vielen anderen Hollywoodstars, die durch diese Besuche Mallorca kennenlernten. Sehr gern hätte ich mich da eingeklinkt, um das eine oder andere Interview für meine Sendung zu kriegen. Nicht selten ist nämlich US-Prominenz entgegenkommender als ein deutsches Sternchen nach seinem ersten Film.

Privat liegt mir wenig an Partys. Wenn, dann an kleinen, überschaubaren Runden. Für meinen Beruf mache ich natürlich Konzessionen, die nun im Fall Douglas unnötig waren. Die Fete fiel aus.

Anläßlich solcher «Events» kann man eine besondere Spezies kennenlernen: Berufsgastgeberinnen, Profitischdamen, oft adlig, meistens im Wettbewerb um gesellschaftliches Ansehen. «Du nimmst die Künstler, sie die Wirtschaft, ich die Hoheiten» – nicht ganz uneigennützig teilten sie sich das Terrain auf und diktierten fortan, wer wieviel zählte in der Welt. Die Salons vergangener Zeiten als Ideal vor Augen, leisteten die Damen (kaum durch konkurrierende Herren bedrängt) hervorragende Dienste, feine Bildung stets verfeinernd.

Begrüßung und Verabschiedung erfolgten nach üblichen Spielregeln: umarmen, ein Hauch von Kuß links, Kuß rechts (in manchen Ländern noch ein drittes Mal *«Vorsicht, die Nase»*), kaum Berührung. Kurzer Austausch über Schmuck und Garderobe, dann sanft hinein ins edle Getümel (im Unterschied zum ordinären Getümmel). Man lachte gerade soviel wie nötig, gepflegte Konversation war Pflicht, bevorzugt in einem bezaubernden Sprachengemisch, *selbstverständlich sind wir polyglott.* Geplaudert wurde über Kunst, Abwesende, Impressionisten, Tischdekorationen und den adäquaten Urlaubsort. («Wenn wir aus Pollensa abreisen, fliegen wir gleich in die Karibik, und dann, ach, Sie müssen dieses Jahr auch kommen, nach Palm Beach.») Manche parlierten mit weichem Akzent als Kontrast zu harten Zügen, lebende Schaufensterpuppen für Designer-Embleme («O wie schön, du trägst auch YSL»), man hatte eine Schwäche für das Offensichtliche. Ein Motto unter vielen: *‹life is too short to drink cheap wine … zu kurz, zu kurz für miese Tropfen.›*

Manchmal wurde ich auf solchen Festen desinteressiert gefragt: «Kann ich etwas für Sie tun, wünschen Sie etwas?», und zu gern hätte ich geantwortet: «Genialen Verstand, keine Hungersnot, keinen Krieg, mehr Gerechtigkeit in der Welt, Liebe für alle, Konfektionsgröße 36 und ein Glas Milch.»

Aber in diesen Kreisen hätte man das in keiner Sprache der Welt verstanden, also sagte ich höflich: «Danke, nichts.»

In den verspiegelten Schminkräumen der Studios sah man zunehmend eine bestimmte Geste: rechte Faust geballt, Daumen und Zeigefinger gekrümmt in enger Verbindung, lockeres Drehen aus dem Handgelenk, danach rasches Deuten mit gespreiztem Daumen auf die schwindende Nachbarin. Flüsternd: «Schon wieder geschraubt!»

Liftings wurden immer beliebter.

Zeitlich war alles limitiert. Man kam und ging in geheimer Übereinstimmung.

Ob Mallorca, Nizza, Hamburg oder Los Angeles – kein Ort, der auf sich hielt, blieb ohne seine Salons.

Schauen Sie doch mal vorbei …

In meinem Beruf war ich Menschen begegnet, von denen andere nur in der Zeitung lasen, hatte gewagt, Träume zu träumen und zu realisieren. Es gab bekämpfte Hürden, gewonnene Schlachten und beweinte Niederlagen. In meinen Gedanken, meinem inneren Buch der Erinnerungen, blieben nur wenige der zahlreichen Begegnungen haften. Längst war ich nicht mehr entsetzt, wenn meine subjektive Vorstellung und die Realität weit auseinanderklafften. Image konnte man aufbauen, es bedurfte bloß eines guten Managements. Vielleicht traf ich auch darum Personen, die sich «gut verkauften», häufiger als beeindruckende Persönlichkeiten. Dienlich waren diese Erfahrungen hauptsächlich meiner Menschenkenntnis.

Wie schade, daß Öffentlichkeitsberufe soviel Verstellung zu erfordern scheinen. Dabei stehen «Gefühle via Bildschirm» bei allen Sendern hoch im Kurs, aber im harten Tagesgeschäft hinter den Kulissen bleibt dafür wohl zu wenig Platz. Man hat zu funktionieren, oft wird Gefühl dargestellt, nicht empfunden. Mitleid, Anteilnahme als Auftrag, ansonsten doch eher Luxus. Meist wird Aufrichtigkeit durch Taktik ersetzt. Wie oft hörte ich «hier kocht eben jeder seine eigene Suppe» oder bei den Printkollegen «ohne kritischen Ansatz keine Meldung», nichts anderes als ein Synonym für «schlechte Nachrichten sind gute».

Das Klima ist kälter geworden.

Jedenfalls hatte ich nicht allzu häufig den Wunsch, im Berufsleben diese oder jenen besser kennenzulernen. Wenn ich darüber nachdachte, wie vielen «Berühmtheiten» ich begegnet und wer mir davon durch Wärme, Ausstrahlung und vor allem Echtheit in guter Erinnerung geblieben war – alles in allem eine eher enttäuschende Bilanz. Wobei mir das Wort «Ent-Täuschung» in seiner eigentlichen Bedeutung nie negativ vorkam. Nichts war für mich daran traurig. Man korrigierte einfach eine Täuschung und veränderte den Zustand zum Besseren.

Mich ließen diese Erkenntnisse eher gelassener werden – es kochten vielleicht alle ihr eigenes Süppchen, aber doch auch nur mit Wasser, wie meine Schwiegermutter gern zu sagen pflegte. Erfahrungen solcher Art führten immer wieder dazu, daß meine Prioritäten auf heilsame Weise durcheinandergerieten. Ich mag meinen Beruf, auch vieles andere, doch nichts «um jeden Preis». So rangierte mal die familiäre Lebensqualität ganz oben, dann der Reiz einer Aufgabe oder die Suche nach neuen, sinnvollen Wegen. Nicht ganz unabhängig davon, ob ein Erlebnis kurz prägte oder Langzeitwirkung hatte.

Filmen auf Mallorca gehörte entschieden zu den Sonnenseiten. Doch nun waren die Dreharbeiten vorüber. Das Team wandte sich neuen Herausforderungen zu. Schnitt, Text, Vertonung und Musik nahmen noch viel Studiozeit in Anspruch – und dann kam der Tag X: Alle, die einschalten wollten, konnten unsere drei Beiträge sehen. Und die wunderschöne größte Baleareninsel so wie ich genießen.

Noch lange nach unseren ersten Fernsehsendungen aus Mallorca sprachen mich viele Zuschauer an, die begeistert meinen Spuren gefolgt waren und mir damit eine große Freude bereiteten.

Die Starken und die Schwachen

Wieder einmal lagen zwei freie Tage vor mir.

Ausgelaugt und müde kam ich auf Cassís an. Das schwere Tor öffnete sich, und unser Paradies umarmte mich so abrupt, daß es mich jedesmal neu überraschte. Trotz der herbstlichen Jahreszeit streichelte mich milde Luft, noch war es trocken. Die Palmenwedel bewegten sich leicht im Abendwind, ins himmlische Grau waren schon gelblich-rote Streifen gezogen, die Hoffnungen weckten. Sofort begannen sich meine Lebensgeister zu regen; ich ging den Hunden entgegen, die mich stürmisch begrüßten. Schneller Garderobenwechsel. Und wie immer lief ich zuerst hinunter zu den Tieren. Die Hunde sprangen vor mir her, gaben Pfötchen, rieben sich am bequemen Hauskleid, einem selbstentworfenen langen «Gewand» in fröhlichen Farben, von denen ich viele besitze, denn keines hat eine bemerkenswert hohe Lebensdauer.

Jetzt passierte das, was wir in der Familie «Metamorphose» oder «Transfusion» nennen. Innerhalb weniger Minuten fielen Müdigkeit und Streß von mir ab wie alte Haut. Die Vibrationen des Berufslebens verklangen, alles wechselte von watteweicher Trance in pure Lebenslust.

Keine Ahnung, wie dieses Phänomen zu erklären ist. Es geschah einfach. Manchmal arbeitete ich danach sogar noch im Garten oder erledigte mitgebrachten Papierkram. Cassís wirkte immer wie ein Jungbrunnen auf mich.

Braunchen hatte inzwischen als knapp Ältere die Führung übernommen, obwohl Perlchen die Kräftigere und Mutigere war, die jedoch der großen Schwester gern und unkompliziert folgte.

Sie tanzten umeinander herum, entdeckten Neues, pickten sich gegenseitig Krümel vom Schnabel und führten ein schönes Teenagerleben. Braunchen war zutraulich, fraß mir aus der Hand und ließ sich hochnehmen. Auf meine geflüsterten Fragen erzählte sie mir, was tagsüber so los war. Mal kreischte sie in höchsten Tönen, dann wieder bekam ich ein melodisches Piepsen oder einen schläfrigen Singsang zu hören. Es stimmt: Die Welt ist Klang.

Perlchen war da ganz anders. Klug, stolz, mutig, ganz Draufgängerin. Und selbstverständlich fraß *sie* nie aus der Hand, stand bei der Fütterung immer ein wenig abseits, auf Bedienung wartend. *Soll mir das Riesenweib doch die Nahrung zuwerfen oder hinlegen. Eher verhungere ich, als mich zur Handfresserin zu erniedrigen.*

Typisch Perlchen!

Geflügel lebt in einer Hierarchie. Die Rangfolge wird durch Hacken erkämpft. Es gewinnen nicht immer nur die Starken, viel eher die Täuscher, die Raffinierten, wobei Parallelen zum Menschen auch ohne Zynismus erkennbar sind. So gab Braunchen beispielsweise Perlchen das Gefühl, ihr haushoch überlegen zu sein. Und das ohne jede Basis. Ein echtes Bravourstück.

Am Tag nach meiner Ankunft öffneten wir erstmalig vor Braunchen und Perlchen die Tür zur Herde. Mindestens so angstvoll wie meine beiden Junghennen betrachtete ich das Geschehen im Hühnerhof. Emma, ein liebes, aber freches Huhn, registrierte als erste die Veränderung. Das war gut. Sie würde die Neuankömmlinge wenigstens nicht gleich anfallen. Hoffte ich. Sehr langsam, Kralle für Kralle, tastete Perlchen sich vor. Ein Schritt, ein Hüpfer, erst mal warten … Bei Braunchen überwog die Angst vor dem Neuen, Fremden. Dafür gab sie sogar – wenigstens kurzfristig – ihre Führungsrolle an Perlchen ab, deren Neugier siegte.

Mittlerweile hatte sie bereits das ungewohnte Feld erreicht, ein bis zwei Meter trennten sie noch von Emma. Wie würde Rosi, ihre Mutter, reagieren? Zu meinem Entsetzen reagierte sie gar nicht. Im Augenblick hatte sie andere Interessen und bearbeitete einen dürren Grashalm.

«Na, Mutter, machst du Familienzusammenführung?» André stand oben am Zaun, einen Wasserschlauch in der Hand, und feixte.

«Mach du dich nur lustig», murmelte ich, ohne meine Augen von den Kleinen abzuwenden.

«Keine Panik, das erledigt sich alles von allein. Im schlimmsten Fall kriegen sie ein paar gewischt. Na und? Ist mir auch nicht erspart geblieben.»

«Ich hör wohl nicht recht», entgegnete ich etwas lauter. «Und was ist mit den vielen Malen, bei denen ich dazwischengegangen bin und dich gerettet habe? Erzähl mir ja nicht, das hättest du lieber allein ausgefochten ...»

Vage nahm ich das Geräusch von spritzendem Wasser wahr. Mein Herr Sohn zog es offenbar vor, sich nicht weiter über die Gesetze des Dschungels auszulassen. Auch gut.

Perlchen und Braunchen waren nun im Hof der «Erwachsenen», die vor dem Anblick ihrer winzigen Ebenbilder zurückschreckten und in gebührender Entfernung einen Pulk bildeten, dem sich auch Emma anschloß. Die Kleinen wirkten neben den ausgewachsenen Althühnern noch kleiner.

Lediglich Erwin Socke, der – wie die Mutter – seine elterlichen Pflichten mißachtete, verringerte den Abstand zu den Jungtieren. Ich wich nicht von der Stelle.

Der Hühnerhof lag ja in einer tieferen Ebene, ein großes, bepflanztes Areal, an zwei Seiten eingezäunt, während die anderen beiden auf natürliche Weise begrenzt wurden, von *bancales*, den trockenen Natursteinmauern, die besonders schön aussahen und viele Insekten und anderes Kleinfutter beherbergten. In der Nähe des früheren Brutplatzes von Rosi hatte ich Quartier bezogen und konnte so von oben herab alle Tiere sehen, ohne sie zu stören. Hühner haben scharfe Augen und ein sehr feines Gehör, dafür soll ihr Geschmackssinn nicht so ausgeprägt sein. Ich habe da andere Erfahrungen gemacht. Ein bißchen Salat darf es schon sein, noch lieber Nudeln (al dente), komme ich aber mit Käse (Gouda oder Edamer), sehe ich oft aus wie ein mit Hühnern geschmückter Weihnachtsbaum.

Längst hatten die Tiere mich wahrgenommen. In einiger Entfernung zur Herde untersuchten Braunchen und Perlchen Erde, Büsche und die von uns gebauten Einrichtungen, «Spielplätze» aus Baumstämmen, Ziegeln und Nischen, auf denen sie herumklettern konnten und gleichzeitig geschützt waren, wie in Höhlen. Viele Pflanzen boten ein ideales Versteck, unter das sie zu gern krochen. Und sie dienten als attraktiver Wetterschutz.

Unterdessen pfiff Erwin Socke seine Mädels in die hintere Region: *Was soll das denn sein? Etwas für den kleinen Hunger zwischendurch? Oder Außerirdische, halb so groß wie wir? Egal: Vorsicht ist besser als Pfanne! Wir tun so, als wär nichts, und halten uns im Hintergrund. Dann denken die, das hier ist unser Lieblingsplatz. In jedem Fall werde ich denen erst mal eins krähen, das sorgt immer für den nötigen Respekt.*

Sockes Geheimplan war gut. Sein durchdringendes Signal scheuchte Braunchen und Perlchen flugs wieder zurück in ihre Heimat. Weitere Versuche folgten. Von beiden Seiten.

Hart für die Kleinen. Nachts wollten sie in *ihren* Stall, aber ich ließ sie nicht, nahm sie streichelnd auf den Arm und setzte sie zur Herde auf die Stange. Danach preßte ich meine Nase von außen gegen das Fenster und beobachtete, ob es nicht allzu schlimm wurde. Als seien sie eins, saßen Braunchen und Perlchen da, aneinandergepreßt und nicht mehr zu unterscheiden. Es folgte eine große Lücke, Emma vorn, der Rest auf alle drei Stangen verteilt, jedoch in sicherer Entfernung zum komischen Neuzugang. Rosi hatte sich unter Sockes Federbusch gedrängelt, beide bildeten nun das äußere Ende zur Linken, ihre Kinder dasselbe zur Rechten.

In den folgenden Nächten wurden die Junghennen immer mal wieder gehackt und ruppig in die Schranken verwiesen. Sie waren automatisch ans Ende der Erfolgsleiter geraten, während Martha, die sich bisher damit zu begnügen hatte, ihren neuen Rang genoß und – wie viele Aufsteiger – voller Wonne die beiden Fremdlinge tyrannisierte.

Dabei ging es allerdings um gravierende, lebensnotwendige Dinge, wie: Wer ist zuerst am Futter? Wer bekommt die meisten Bissen? Wen bevorzugt der mächtige Hahn? Und wer erhält die besten Schlafplätze?

Ich konnte der Hackordnung manchmal ein Schnippchen schlagen, indem ich mit drei vollen Futternäpfen erschien, so daß sich niemand benachteiligt fühlte. Zwei teilten sich die Großen, die, davon abgelenkt, den dritten für die Kleinen nicht weiter beachteten. Und abends verfuhren Braunchen und Perlchen instinktsicher nach eigenem Rezept. Sie ließen freundlich allen den Vortritt, warteten, bis jede gefressen und getrunken hatte, die Schlafplätze eingenommen und die Lieblingspositionen gefunden waren. Erst dann folgten sie in gleicher Weise: Körner picken, Wasser trinken, auf die Stange fliegen. War es dunkel genug, passierte nichts mehr, alle sangen sich gemeinsam in den Schlaf.

Gelernt hatte ich, daß Mutter und Vater ihre Kinder sofort vergessen, wenn sie wieder Hahn und Henne spielen. Rosi erinnerte sich offensichtlich nicht einmal an ihre verwandtschaftlichen Beziehungen zu den Töchtern. Sie hackte fleißig mit, schikanierte die Teenies so, daß meine Mutterinstinkte im gleichen Maß wuchsen, wie ihre abnahmen. Damals glaubte ich der Prognose meines Mannes nicht:

«Wart's ab. Braunchen und Perlchen werden ihr Leben lang Freundinnen sein.» Nach meinen bisherigen Erfahrungen vermutete ich eher die Devise: «Aus den Augen, aus dem Sinn».

Doch Burckhards prophetische Gabe wurde bestätigt. Bis heute sind die beiden wie Zwillinge – längst integriert, wenn auch kaum aufgestiegen. Doch das Arrangement mit den Herrschenden scheint eine befriedigende Lebensform zu bieten. Wenigstens für Hühner. Braunchen und Perlchen billigen einander Rechte zu, die für andere nicht gelten, und trennen sich nicht weiter als wenige Handbreit voneinander.

Alle Hühner bildeten nun eine Gemeinschaft, geführt vom Chef des Hofes: Erwin Socke, der täglich schöner wurde. Stolz spreizte er seine bunt glänzenden Federn, krähte vor Lebenslust und favorisierte gerade mal wieder Rosi. Seine treueste Vasallin aber war Martha, die unterwürfige Opportunistin. Obwohl Erwin sie häufig verscheuchte, wich sie kaum von seiner Seite, biederte sich an und hoffte auf ihre Chance. Sie piesackte die beiden Nachkömmlinge, sooft sie eine Gelegenheit sah. Endlich, endlich war sie die Leiter hinaufgeklettert, das mußte doch auch Erwin langsam mal registrieren. Abends wäre Martha am liebsten unter seine Flügel gekrabbelt, doch da war Lisa vor. Als ranghöchste Henne regelte sie so was gelassen und autoritär. Selbstverständlich kroch *sie* nie zum Hahn, beanspruchte aber häufig den Platz neben ihm. In ihrer Leidenschaft zu Erwin hoffte Martha Nacht für Nacht darauf, daß Lisa vor ihr einschlafen und dann ihre große Stunde schlagen würde. Immerhin mußte sie dazu auch noch an Rosi, Elvira und Emma vorbei – alle höher im Rang als sie. Aber außer Lisa wäre wohl nur noch Rosi ein Hindernis gewesen, den anderen war Erwin, speziell nachts, reichlich schnurz.

Der fand das Gerangel um seine Person absolut verständlich, hielt sich jedoch distanziert heraus. Außer tagsüber, da folgte er seiner Libido mehrfach, wenn auch nicht wahllos. Nur nachdem wirklich jede andere gackernd die Flucht ergriffen hatte, durfte es auch mal Martha sein.

Kurz und zackig der eigentliche Akt, spannend das Präludium mit all den schönen tänzelnden Annäherungsversuchen. Trotzdem nur geringe Begeisterung bei der jeweils Beglückten, die sich leicht verwirrt von der schnellen, heftigen Begegnung schüttelte und wakkelig davonstelzte. Mußte sich der Kerl dabei immer so einfallslos in den Kopffedern festbeißen?

Als Erwin sich erstmalig an Braunchen und Perlchen heranmachte, mußte ich meinen Zorn bekämpfen. Triebtäter, sich auf Kinder zu stürzen, igitt! Ein schnell geworfenes Steinchen verhinderte die geplante Entjungferung, allerdings nur für kurze Zeit. Braunchen schien nymphomanische Gelüste zu haben, so sehr bot sie sich an. Sollte das Berechnung gewesen sein, blieb sie völlig erfolglos: Braunchen kletterte keine einzige Rangstufe höher!

Näherte ich mich dem Hof und rief ihre Namen, dann sausten die Hennen zur ausgestreckten Hand, hüpften auf meinen Arm und holten sich mit kleinen Begeisterungslauten ihre Leckerbissen ab. Selbst Chefin Lisa reihte sich fröhlich in diese Hügelbesteigung ein. Nach einem Jahr konnte auch Perlchen nicht mehr widerstehen. Nur Erwin ließ sich nie locken. Wahrscheinlich hatte ich ihm nicht bloß einige sexuelle Abenteuer vermasselt, sondern auch noch sein Renommee geschädigt.

Bitte, wer würde nicht lachen, wenn ein feuriger Gockel loslegt wie ein Torero, um dann durch fehlende Balance aus dem Tritt zu kommen? Nie vorher und nie später habe ich so etwas bei einem anderen Hahn gesehen. Wie auch immer – Erwin konnte mich nicht leiden. Zuerst versuchte er, mit Warnlauten den abtrünnigen Harem von meiner nahrungsspendenden Hand fortzutreiben, ging danach zum lockenden Schnalzen über, so, als habe er Besseres zu bieten, und flog wie ein Derwisch auf mich los, wenn wieder einmal alles vergeblich war.

Er hatte seine Ehre zu verteidigen.

Wie häufig unter Männern, gab es auch in diesem Fall ein schweigendes Einverständnis zwischen Burckhard und Erwin. Niemals ging der Hahn auf ihn los, beide standen stolz und lässig voreinander nach dem Motto: «Man übersieht sich.»

Dabei schätzte ich Erwins Verantwortungsgefühl, seine Schönheit und seinen ordnenden Schnabel. Wenn bloß sein Tanzstil und sein eintönig aggressiver Sex nicht gewesen wären …

Die meiste Zeit meines Lebens war ich ein Stadtmensch. Auch der Rest der Familie hatte nie auf dem Land gelebt. Und schon gar nicht im Süden. Plötzlich, fast unbemerkt, veränderte sich unsere Sichtweise. Die Beziehung zur Natur, zur Erde, zu Mensch und Tier intensivierte sich zunehmend.

Wir lernten, Ressourcen zu schonen, Wasser zu sparen, Chemie möglichst zu vermeiden.

Menschen haben eine globale Klimakatastrophe erzeugt und Warnungen ignoriert. Bereits jetzt fordert sie Tribut, obwohl Prognosen spätere Daten nennen. Fast jeden Tag hört man davon, auch auf Mallorca: Der Meeresspiegel steigt, Strände verschwinden im Ozean, die Erdatmosphäre reagiert auf den Treibhauseffekt, Unwetter nehmen zu. Zu lange wurden jene als Miesepeter und Schwarzmaler belächelt, die sich kritisch warnend äußerten. Dabei hatte Professor Haber mir schon vor über zwanzig Jahren von ähnlichen Befürchtungen erzählt, die mir logisch erschienen, ohne daß ich genauere Kenntnisse hatte.

Immer noch weiß ich zuwenig über physikalische Zusammenhänge, über Ursache und Wirkung, aber ich glaube an «die kleinen Kreise». Unserer ist Cassís, wo wir so umweltbewußt und natürlich leben, wie es unseren individuellen Vorstellungen und Möglichkeiten entspricht.

Stein auf Stein zum Paradies

Ich wohne dort, wo andere Urlaub machen. Das ist kein uneingeschränkter Vorteil. Besucher fallen ein und erwarten Sightseeing. Sie vergessen, daß man Pflichten hat, arbeiten muß, Zeit plant. Wie jeder, wenn er «zu Hause» ist. Wir haben hier Freunde, mit denen wir Geburtstage und anderes feiern, Nachbarschaftspflege ist üblich, vom Krankenbesuch bis zum Einhüten. Das hat oft Vorrang.

Wie enttäuscht war schon so mancher, der seinen Urlaub mal eben auf die Schnelle mit uns teilen wollte! Die Tage sind ausgefüllt, Tier- und Pflanzenversorgung beanspruchen viele Stunden, Post wird bearbeitet, man hat einzukaufen und Dinge zu erledigen. Selbst Berufliches verlagerte sich im Lauf der Zeit hierher.

Steht er dann da, der freie, glücklich lächelnde Ferienmensch, verwundert, daß man nicht alles liegen- und stehenläßt, um mit ihm zusammen etwas zu unternehmen, dann hat das schon etwas Rührendes. Also macht man es oft möglich. Daß man hinterher doppelt soviel arbeiten muß, um alles nachzuholen, wird der Höflichkeit halber verschwiegen.

Als «Einwanderer» lebt man in einer anderen Welt als die Feriengäste. Doch deshalb ist man noch lange kein Einheimischer. An viele der hiesigen Gepflogenheiten mußte ich mich erst gewöhnen. Die spanischen Wege sind lang, mühsam und amüsant. Holz für ein Regal bekommt man leicht, aber für eine bestimmte Schraube muß ich kilometerweit fahren und in vielen Geschäften nachfragen. Am lustigsten ist es mit Ämtern und Behörden. Manchmal sind Öffnungszeiten angegeben, manchmal nicht, ähnlich wie bei den Läden. Meistens ist von zehn bis dreizehn Uhr geöffnet. Erscheine ich sicherheitshalber gegen elf, empfängt mich nicht selten Grabesstille. Frage ich Nachbarn, wann denn wohl jemand da sei, bekomme ich konkrete Hinweise: «Immer nachmittags gegen fünf.» Also finde ich mich um halb sechs wieder ein. Nichts. Nun erklärt der Nachbar zur Linken: «*Lo siento*, tut mir leid, gegen Mittag waren die hier, jetzt nicht mehr.» Und so geht es weiter, bis ich zwei Tage später Glück habe und tatsächlich jemanden antreffe, der mich aber ans andere Ende der Stadt schickt, wo alles «*seguro, seguro*, ganz sicher» erledigt werden kann. Im Laufe der Jahre lernte ich den Umgang damit. Kein Zähneknirschen mehr, statt dessen lächle ich vor mich hin, verbinde die notwendigen Wege mit Dingen, die ich immer schon mal machen wollte, und passe mich den Spaniern an. Deren legere Einstellung hat auch positive Varianten: Selten hupt ein mallorquinischer Autofahrer vor Ungeduld, ebensowenig gibt es das in Deutschland so beliebte Geschubse und Gemeckere an Kassenschlangen. Alles wird viel leichter genommen. Jedenfalls im einigermaßen belanglosen Alltag.

Einmal wollte ich bei schlechtem Wetter von Palma zum weiteren Anschluß über Barcelona fliegen, als uns der Pilot in der Luft ankündigte, dort nicht landen zu können. Er müsse nach Valencia. Das Murren einiger Passagiere war gut zu orten: Deutsche – eine Minderheit in dieser Maschine. Die Spanier reagierten gar nicht. Als wir auch in Valencia nicht hinunterkonnten, sondern hörten, nun sei «Barcelona wieder offen», schimpften die Deutschen laut, die Spanier lachten. So ging die Geschichte noch eine Weile weiter, es war ein 15-Stunden-Tag über vier Stationen, und nie erschien mir das Nord-Süd-Gefälle deutlicher. Innerlich fühlte ich zwar wie meine cholerischen Landsleute, doch äußerlich paßte ich mich den Spaniern an, deren stoische Haltung einfach die bessere war, zumal sich rein gar nichts ändern ließ.

Nicht nur auf Flughäfen und bei Terminverschiebungen griff inzwischen fast jeder – ausnahmsweise in internationaler Einigkeit – zum Handy. Man konnte Japaner sehen, die sich mit der Hand am Ohr ständig verbeugten, an Glasscheiben gepreßte brüllende Amerikaner und Angehörige verschiedener Nationalitäten, die dastanden wie zur Strafe in die Ecke gestellte Schulkinder. Für handylose Ausnahmen wie mich immer wieder ein erheiternder Anblick, diese sich in Art und Haltung merkwürdig ähnelnden Leute.

Und wenn es einen Indikator für «mehr Frauen im Geschäftsleben» geben sollte, schienen es die vielen eifrigen Handynutzerinnen zu sein, von denen einige telefonierten, als ob sie gähnten: Eine gekrümmte Hand verdeckte den Mund, die andere preßte das Minigerät ans Ohr.

Richtig lustig wurde es in Restaurants, wenn nach dem typischen Klingeln alle Gäste mit jenem abwesend herumirrenden Blick – als seien sie auf der Flucht – den Kopf hochrissen, davon zehn gleichzeitig in Taschen und Aktenkoffern wühlten, worauf neun verlegen ihren Irrtum hinnahmen und einer triumphierend seinen abgehackten Redefluß begann: «Nein ... ja ... nein ... Wieso das denn ... Absagen, sofort absagen ...... doch, ja ... Also bis später.»

Nun, wenn's der Wirtschaft dienlich ist, den Untergang der Kultur werden Handys sicher nicht herbeiführen.

In den Bussen traf ich spanische Schulkinder, die wichtig und laut mit Klassenkameraden per *mobil* verkehrten. Nach dem Walkman wuchsen sie jetzt mit drahtlosem Telefon auf, freuten sich über die neue und praktische Technik. *Handy-user* zu sein war für sie völlig normal. Mich erinnerte die Telefonmanie an den Ausspruch meines Vaters: Nur Dienstboten müssen immer erreichbar sein.

In jedem Fall ist die spanische Mentalität hilfreich im Üben von Geduld – ich bin hier viel gelassener geworden und toleriere auch Telefonsüchtige.

Merkwürdigerweise gab es trotz der vielen neuen Kommunikationsmittel immer noch Einsamkeit. Gerade auf Mallorca. All die Erwartungen, die sich nicht erfüllten, Hoffnungen auf neue Freunde, auf bessere Lebensqualität. Viele, die es nirgendwo geschafft hatten, wollten es hier noch einmal versuchen. Auch wenn alles auf der Strecke blieb, gab man nichts zu, wahrte den Schein, Umkehr unmöglich. Daß ihnen etwas spanisch vorkam, war als Redewendung die Ausnahme, als Zustand die Regel. Die sich bildenden Kolonien lebten isoliert, Cliquen ohne Zugang zu Land und Leuten. Oft machte gerade diese Gruppe gute Umsätze und tröstete sich mit finanziellen Erfolgen über alle Schiffbrüche hinweg.

Ziemlich verständnislos stand ich anfangs dem Thema Immobilienkauf gegenüber, einem eigenwillig komplizierten Geflecht von Fallstricken. Da hatten wir damals endlich unser Grundstück erworben und alle bekannten Vorsichtsmaßregeln beachtet, als sich herausstellte, daß das Wegerecht völlig ungeklärt war. Achselzukken beim Verkäufer. Das mallorquinische Katasteramt hortete Pläne längst verstorbener Eigentümer mit längst veränderten Parzellen. Bei uns meldeten gleich mehrere Nachbarn Rechte an. Einem gehörte angeblich unsere Zufahrt, dem anderen ein winziger Teil dort, wo wir den Eingang geplant hatten.

Etliche Male mußten wir uns in zugigen Dorfkneipen treffen, endlose Einladungen aussprechen und mühsam erfahren, was die Großgrundbesitzer eigentlich von uns erwarteten. Ein Spanier sagt eben nicht einfach: «So, du benutzt drei Quadratmeter meines Landes, dafür will ich von dir hunderttausend Pesetas.»

Viel zu direkt. Man schätzte das Präludium.

Zuerst erklärte er uns umständlich mit dauernden Wiederholungen den «Sachverhalt», auf Stufe zwei lernten wir die ganze Verwandtschaft kennen, erfuhren viel über seinen großzügigen Cha-

Toya riskiert einen Blick übers Hühnergatter

Gertrud geht auf Wanderschaft

Trampeltiere einmal friedlich: Jupp

und Jolanda

Auch Blumen brauchen Zuwendung

Esel Goya und ich beim Tête-à-tête

Es stimmt: Tier (Henriette) und Frauchen werden einander immer ähnlicher

Pünktchen ist da –

Toya hält sich noch zurück

rakter und daß sein einziges Interesse «gute Nachbarschaft» sei. Wir überlegten schon, mit was für einem Geschenk wir uns am besten revanchieren könnten. Doch dann, nach etlichen gemeinsamen Menüs und geleerten Gläsern (völlig klar, wir bezahlten), wurde fragend eine Summe genannt. Reine Rhetorik. Der Preis war in der Familie lange festgelegt und schloß weitere Verhandlungen aus. Wir wagten es trotzdem, gestraft durch unmutiges Stirnrunzeln. Es folgten ausschweifende Erklärungen über Werte und Verluste, die uns erschütterten. Drei kleine, harmlose Quadratmeter und soviel Historie über mehrere Generationen. Schande über uns Eindringlinge, uns ignorante *extranjeros.*

Zum Schluß einigten wir uns auf einen Betrag, den wir schamlos fanden. Doch es blieb uns keine Wahl. Welcher Ausländer würde sich schon in einem fremden Land auf endlos lange Prozesse mit eingesessenen Inselhonoratioren einlassen?

Und es gab noch weitere desillusionierende Erfahrungen. Option verlangte Kaution, meist bar und bei Nichtkauf verloren. Nicht alle Makler arbeiteten seriös.

Beim Hausbau gerieten wir an einen schlechten deutschen Architekten, betrügerische spanische Baufirmen, unqualifizierte Handwerker – und mußten trotzdem zahlen. Endlich trennten wir uns von dem – außer im Kassieren – phantasielosen Konstrukteur und suchten uns eigene Handwerker. Das kostete viel Zeit, Pesetas und Nerven. Wir lernten, daß man beim Immobilienerwerb gar nicht genug blöde Fragen stellen kann, faßten selbst beim Bau mit an und lasen Fachzeitschriften mit Hinweisen für die richtige Heizung, Isolierung, Ziegelbeschaffenheit und vieles mehr. Die in Deutschland erworbenen Kenntnisse meines Mannes nutzten hier wenig.

So häufig wie möglich war ein Familienmitglied als Beobachter «auf dem Bau», Hand anlegend, und schuf damit – ohne es damals schon zu wissen – die Basis für spätere eigene «Schöpfungen».

Deutsche vergessen leicht, daß es auf Mallorca sintflutartig regnen kann; Wasser, das bei falscher Planung in Schwällen ins Haus flutet, Wände durchfeuchtet und idealen Schimmelboden bietet. Wenn klatschnasse Palmenwedel das erste Mal gegen Fenster schlagen und jeder Fetzen Stoff im Haus zum Abdichten herhalten muß, wird man schnell auf die harte Tour belehrt. Auch an orkanartige Stürme denkt der neue Hausbesitzer ebenso ungern wie an winterliche Kälte. Flieht er dann im Februar aus dem verschneiten Deutschland ins angeblich warme Mallorca, kann es passieren, daß er staunend feststellen muß: Donnerwetter, auch hier ist es kalt und ohne Kamin oder Gasofen gar nicht auszuhalten.

Wie viele «Stöckchen» wir Freunden schenkten, die an eisigen Wochenenden ohne Holzvorrat eintrafen und ohne zu bedenken, daß es sonntags nichts zu kaufen gibt ... Sie hätten zum Bau einer Blockhütte gereicht.

Sage also keiner, Mallorca sei nur zum Urlaub da. Nicht für Wohnungseigentümer. Die lernen hier fürs Leben.

Schon immer, doch in letzter Zeit verstärkt, wurden wir von sonnensehnsüchtigen Deutschen nach «günstigen Immobilien» gefragt. Tatsächlich erfuhren wir durch einheimische Freunde von dem einen oder anderen «Verkaufsobjekt», so daß in unserem engeren Umfeld so manches Schnäppchen ergattert werden konnte. Unterm Strich jedoch war das ein eher unangenehmer Nebeneffekt unserer «Auswanderung». Weitentfernte Bekannte konfrontierten uns plötzlich mit höchsten Wohnerwartungen und peinlich egoistischen Ansprüchen, auf die wir als «Frischsiedler» total naiv eingingen,weil wir unsere eigene Begeisterung nur zu gern mit anderen teilen wollten. Nach einigen zeitraubenden Versuchen, die uns mehr ärgerten als erfreuten, lehnten wir künftig Hilfe in solchen Fällen ab. Hier mußte schon jeder auf seine individuelle Weise glücklich werden.

Wir sind davon überzeugt, das Paradies auf Erden zu bewohnen. Cassís ist ein kleines Biotop, das zwar einerseits viel Arbeit macht, aber andererseits einen optimalen Einklang mit der Natur bietet. Auch ein Ort braucht zum Gedeihen jemanden, der ihn liebt. Wir tun das uneingeschränkt.

Ich habe viele andere Landsitze und Chalets auf Mallorca kennengelernt, von innen und außen, manche größer, moderner und luxuriöser als unsere *Finca*. Doch niemals hätte ich tauschen mögen.

Vielleicht hängt unser Herz auch noch mehr daran, weil wir so vieles selbst gebaut und bepflanzt haben. Wie sonst wäre das überwältigende Glücksgefühl zu erklären, mit dem ich oft schon morgens aufstehe? Ich brauche nur über die Terrasse ins Land zu schauen, um mit einem tiefen Durchatmen und dem ersten Lächeln fast jeden neuen Tag zu begrüßen. Wenn zwischen den Bäumen urplötzlich Sonnenreflexe goldene Muster bilden, eines unserer Tiere aufmerksam den Kopf hebt und mich ansieht, dann spüre ich meinen Puls, den Takt um mich herum, ich bin lebendig.

Etwa ein Jahr nach Fertigstellung unseres Wohnhauses entstand für unsere Gäste aus einem früheren Stall *La Casita Azul*. Ein schnuckliges Gebäude, das meine Männer, unser Freund Stefan und ich fast allein hochzogen. Aber vorher waren auch hier ein paar Opfer fällig …

Nach und nach sah ich ein, daß ich mein schönes Auto in Deutschland kaum noch nutzen würde. Ich mußte mir wirklich langsam das Festhalten an etwas Vergangenem abgewöhnen. Also erschien eines Tages eine Verkaufsanzeige von mir, die einige elegante Herren auf den Plan rief. Einer von ihnen, der mir sympathischste, *durfte* mein geliebtes Fahrzeug kaufen und machte nun seinerseits *mir* eine Offerte. Eine sehr anständige: «Ich sehe ja, wie schwer Sie sich von Ihrem Auto trennen. Was halten Sie davon, wenn ich Ihnen meine Chauffeurdienste anbiete? Sie können wirklich ganz ungeniert darauf zurückgreifen. Mir würde es Freude machen, Sie herumzufahren, wenn Sie in Deutschland sind, Ehrenwort. Und Sie wären dann nicht völlig getrennt von Ihrem Prachtstück.»

Ich war gerührt.

Trotzdem nahm ich dieses großzügige Angebot nie in Anspruch. Weg ist weg, und jede neue Begegnung hätte mich eher belastet als erfreut. Doch noch heute denke ich liebevoll an diesen herzlichen Mann, der hoffentlich soviel Spaß mit meinem schnurrenden Jaguar hatte wie ich vor ihm. Sein Geld wurde bestens umgesetzt: in *La Casita Azul*.

Jedes Detail darin gestalteten wir liebevoll. Die Männer mauerten, fliesten, setzten Fenster und Türen ein. Ich habe die Deckenbalken gekalkt und außer einer Genickstarre auch Einsichten gewonnen, zum Beispiel, wie wichtig es bei «Über-Kopf-Arbeiten» ist, biologische Farben zu verwenden, weil man doch einiges zu schlucken bekommt. Ich konnte plötzlich lackieren, streichen, Gardinen nähen und Sessel beziehen. Alles neue Tätigkeiten, die mir viel Spaß machten. Manchmal muß man sich nur trauen, etwas ganz anderes anzufangen. Vielleicht entdeckt man dabei schlummernde Fähigkeiten, die nur auf den Ausbruch lauerten. Durch Anfangserfolge ermutigt, beschloß ich, mir eine Nähmaschine zu kaufen und ein paar Versuche zu wagen. Sofort boten versierte Freundinnen ihre Hilfe an. Aber ich war ungeduldig. Schon am Tag der Lieferung stellte ich meine Geschicklichkeit auf die Probe und war überrascht, wie gut ich mit der Näherei zurechtkam. Über die ersten schiefen Nähte, den falschen Unterfaden, meinen unregelmäßigen Pedaltritt und andere Frühprobleme decke ich jetzt einmal den bewährten Mantel des Schweigens.

Als dann die erste neugierige, hilfreiche Fee eintraf, konnte ich bereits zwei selbstgenähte weiße Schals mit blauen Blenden (gefüttert!!) vorweisen. Stolzgeschwellt wie mein Erwin, Lässigkeit heuchelnd. Den auf einige Unebenheiten deutenden Zeigefinger meiner Freundin übersah ich geflissentlich.

Währenddessen hatten sich auch die Männer an den nächsthöheren Schwierigkeitsgrad getraut; selbst vor Schränken als Erstlingswerken in der Schreinerkunst kapitulierten sie nicht. Professionelle Hilfe leisteten nur Installateur, Elektriker und Dachdecker.

Eine neue, spannende Erfahrung für uns alle mit wenig Lehrgeld. Das hatten wir bereits beim Haupthaus bezahlt.

Jeder von uns bekam durch seinen persönlichen Einsatz eine noch intensivere Beziehung zu diesem Fleckchen Erde. Wir kauften in den kleinen Dorfgeschäften das Material, ließen uns Tips von den Fachleuten dort geben, alberten bei der gemeinsamen Arbeit herum, freuten uns über deftige Mahlzeiten, die wir zwischendurch abwechselnd kochten, und schauten mit stolzem Blick und gekünstelter Bescheidenheit auf «unseren *Casita*-Bau».

Später hüteten mein Sohn André und seine Freundin manchmal im Urlaub das Haus. Auch er als Techniker verfügte durchaus nicht nur über begnadete Hände. Jetzt aber konnte er vieles selbst reparieren, weil er die Hintergründe kannte, manches sogar allein gebaut hatte.

Wenn unser Freund Stefan und seine Frau Olga bei uns zu Besuch waren, lagen sie gern im *Casita*-Fenster und betrachteten faul die ebenso faulen Hühner und Gänse, die sich direkt unter ihnen sonnten. Dabei wies Stefan Olga auf die Fensterbänke hin, die er eingesetzt hatte: «Guck mal, hab alles ich gemacht.»

Olga sah ihren Mann skeptisch an: «Warum schaffst du das zu Hause nie? Da bist du nicht gerade das, was man ein Talent nennt. Mein Bügeleisen ist schon seit Wochen kaputt, ohne daß du es auch nur ansiehst.»

Über solche Kleinigkeiten war Stefan eben hinausgewachsen.

Von der *Casita*-Terrasse aus hat man zur Linken einen eindrucksvollen Blick über den Hühnerhof und die gesamte Tierebene, sogar auf eine der vier mächtigen Eichen, Raritäten der Insel. Nach vorn breiten sich die großen Blätter der Feigenbäume aus wie grüne Dächer, und man kann durch die Mandeläste quer über die glänzenden Olivenzweige bis hinüber zum Haupthaus sehen. Um diesen Genuß gerecht zu verteilen, haben wir schwere Holzbänke aus Baumstämmen aufgestellt, zum Verweilen und als Ziel eines Spaziergangs. Ich liebe das Lesen unter einem Baum, Olive oder Eiche, Gespräche im Freien und finde die verschiedenen Möglichkeiten dazu besonders reizvoll. Viele Leute behaupten, man könne nicht immer wieder dieselbe Aussicht genießen, ohne ihrer müde zu werden. Selbst nach all den Jahren kann ich diese These nicht bestätigen. Im Gegenteil, ich bedauere, die vielen einladenden Sitzgelegenheiten der Finca noch nicht oft genug zu nutzen.

Unsere Hühner bevorzugen das Dach von *La Casita* und fliegen oft zu einer kleinen Stippvisite auf die warmen Ziegel. Dort sitzen sie dann und schauen hinunter ins Tal, über ihr Land. So reglos, daß man sie für Keramikfiguren halten könnte.

Königin Greta und ihre Chinesen

Die Federfüßigen lebten schon eine Weile bei uns, als acht chinesische Seidenhühner zu ihnen stießen.

Einem Impuls folgend, hatte ich sie bei Helmut, einem sympathischen Hamburger Züchter erstanden. Deren Transport war ein ganz besonderes Abenteuer. Und nun stand ich da mit acht ängstlichen Tieren, die ich von Hamburg nach Spanien mitnehmen wollte. Aber wie?

Mir wurde nur eine Möglichkeit genannt:

«Packen Sie Stroh in einen geräumigen, luftigen Karton, kleben Sie die Anschrift auf jede Seite. Dazu die Hinweise: *Lebende Tiere – Vorsicht, oben – unten*, und dann geben Sie das Ganze in letzter Minute bei der Fluggesellschaft ab.»

Eigentlich klingt das nicht besonders problematisch. Ich aber brachte eine ganze Gruppe von Beteiligten dem Wahnsinn nahe. Zuerst erklärte ich jedem halbwegs Uniformierten am Flughafen (bestimmt war auch ein Briefträger dabei), in dem Karton seien «winzige, zitternde Küken», man müsse extrem vorsichtig und behutsam damit umgehen.

Bis zur letzten Minute stand ich nicht bei den Passagieren, sondern in der Gepäckaufnahme, freundlich geduldet von einem ruhigen Mann, der vorgab, meine Sorge zu verstehen.

Vielleicht verstand er sie ja wirklich. Er wäre der erste an diesem Tag gewesen.

Im Flugzeug war mir jede Sekunde bewußt, wie bequem ich in meinem Sessel saß, während meine armen Hühner in einem mir unbekannten Raum vor sich hin darbten. Die Stewardeß wünschte entweder sich oder mich zum Nordpol.

«Sagen Sie, ist es da unten nicht zu kalt?»

«Aber nein, wir transportieren auch Katzen und Hunde, es ist alles wohltemperiert.»

«Um Gottes willen, es wird doch keine Katze da drin sein, meine Küken sterben ja vor Angst.»

«Wenn wir Katzen mitnehmen, kommen keine Hunde mehr dazu und auch keine Hühner.» *Zum Donnerwetter, warum verschwindet* sie *nicht in dem Verlies da unten, dann wär hier endlich Ruhe.*

Mühsam lächelnd wandte sich die freundliche Bordverantwortliche anderen Menschen zu, um deren Hunger und Durst zu stillen. Mir völlig unverständlich, wie man angesichts dieses überwältigenden Ereignisses essen und trinken konnte. Ich rief erneut die Stewardeß:

«Wissen Sie, die Tiere haben sicher große Angst. Bestimmt würde ihnen Schlaf helfen. Dafür ist es doch hoffentlich nicht zu hell? Dann schlafen Küken nämlich nicht.»

«Nein, der Raum ist dunkel.» Die hochgezogene Augenbraue sagte mehr als ihre sanften Worte.

Ich hielt stumme Zwiesprache mit der eingesperrten Kreatur, bat um Verzeihung für alle quälenden, ausgestandenen Ängste und versprach lebenslange Entschädigung. Nur dieses eine Mal möge alles gutgehen, danach würden sie nie wieder fliegen müssen. Kurz vor der Landung bat ich die erleichtert aussehende Stewardeß noch, den Bodendienst über meine Küken zu informieren: «Die sollen ganz vorsichtig sein und schnell machen!»

Sie versprach, mein Anliegen weiterzuleiten.

«Die bin ich los», war nicht zu hören, aber zu fühlen. Ich konnte sie verstehen.

Das Schlimmste war nun die Warterei. Trotz meiner Bitten kamen Kofferberge, Kinderkarren, Golfschläger, Taschen, selbst Sonnenschirme – bloß keine Hühner. Kurz entschlossen kroch ich durch die Gummischnüre am Laufband und schrie gegen Krach und Desinteresse nach meinem Tierkarton, an dem jede freie Stelle auf *«lebende Tiere»* in spanisch und deutsch hinwies. Auch *«oben»* und *«unten»* war zweisprachig gekennzeichnet.

Ein resoluter, stämmiger Spanier im blauen Overall beförderte mich freundlich, aber entschlossen auf demselben Weg zurück. Einige Leute lachten über die ungewöhnliche «Laufsache». Neben mir stand eine Urlauberin, deren Koffer ebenfalls auf sich warten ließ. Aufgeregt machte ich meinem Unmut bei ihr Luft und fand volle Anteilnahme. Allerdings hatte auch sie nie zuvor von transportierten Küken gehört.

Und dann trudelte mein «Gepäckstück» ein, zu meinem Entsetzen auf dem Kopf. Nach dem Flug mit anschließendem Looping mußte es nun noch die Strecke zur *Finca* überstehen. Nichts regte sich im Karton. Mit jedem Kilometer befürchtete ich Schlimmeres. Sie konnten nicht überlebt haben. Mir graute davor, die Kiste aufzumachen, aus der nicht ein Laut drang. Immer wieder hielt ich mein Ohr ganz nah daran. Nichts. Ich würde mein Versprechen nicht einlösen können.

Nach der Ankunft bat ich Burckhard, den Karton zu öffnen, ich war dazu einfach nicht mehr imstande. Wegen der absoluten Stille hatte auch er wenig Hoffnung. Abgewandt, die Hände vor den Mund gepreßt, wartete ich.

Schließlich hörte ich seine erleichterte Stimme. «Komm, Mädel, dreh dich um. Alles ist gut. Sie leben, sind schwach und ruhig, aber leben.»

Der Himmel flammte orangerot über dem abendstillen Land auf, noch war es hell, wir hatten Vollmond. Ich blickte hinauf, schaute auf die weich umwölkte Spitze unseres Felsens. Alles war gut.

Was für ein schwüler Tag! Die Fenster blieben geöffnet, ich duschte und trocknete meine Haare nur flüchtig, in der Hoffnung, die Sonne würde den Rest übernehmen. Der heftige Schauer von vorhin brachte Wind mit sich. Schnell lief ich von einem Raum zum anderen, um die wehenden Gardinen hereinzuholen und die Fenster zu schließen. Am dunklen Himmel zuckten Blitze, die Wipfel der Zypressen bogen sich fort von ihrer sonst so majestätischen Haltung. Ich rannte zum Hühnerstall, alle hatten bereits Schutz unter Büschen gesucht, ein paar «Seidis» konnte ich noch ins Haus scheuchen. Eilig steckte ich die frischen Eier in meine Tasche. Toya sprang mir entgegen, gab freundlich Pfötchen. Ein wandelndes Omelett erreichte das Haus – ich duschte erneut.

Hoffentlich nicht wieder ein Stromausfall, ich weiß nicht, der wievielte in diesem Jahr. Jedesmal verdorbene Lebensmittel aus Kühlschrank und Gefriertruhe, das dritte Faxgerät, immer wieder defekte Technik. Und das mitten im hochentwickelten Europa.

Nach einem kurzen Gewitter, heftig, als stürze der Himmel ein, knallte wieder die Sonne aus fleckenlosem Blau.

Zuerst blieben die Seidenhühner, die wir «Chinesen» nannten, in einem eigenen Stall mit dem dazugehörenden Hof, später entfernten wir Tor und Zaun dazwischen – alle würden sich aneinander gewöhnen müssen.

Schon früher fand ich diese Tausende von Jahren alte Rasse höchst eindrucksvoll. Anders als meine Puschenhühner hatten sie seidenweiche Daunen mit einem flaumig aufgeplusterten Federbusch anstelle des Kammes und riesige bildschöne Augen. Dazu eine blau glitzernde Ohrscheibe. Total aristokratisch!

Die einzige Hühnerrasse mit dunkler Haut, was sie vor dem Verzehr rettet. Der Mensch vertilgt eben lieber weißes Fleisch. Ein Gedanke, der philosophische Betrachtung verdiente.

Seidenhühner gibt es in vielen Farben, von Weiß über Champagner bis Schwarz. Unsere waren silbergrau. Bis auf Greta, die war gelb. Sie sahen so elegant und glamourös aus, sie mußten einfach Starnamen bekommen. Die Hähne hießen Alfie und Otis, die Hennen Greta, Zarah, Leander, Kim, Marlene. Und Federchen hieß Federchen, weil es nur ein Hauch von Huhn zu sein schien.

Es dauerte seine Zeit, bis die Hähne miteinander klarkamen. Ein Naturgesetz half: Zwei Hähne kämpfen immer um die Führungsrolle, drei nicht.

Von Anfang an wirkten Alfie und Federchen leicht kränklich. Sie waren kleiner und schwächer, langsamer und introvertierter als die anderen.

Bei der Stallarbeit trällerte ich manchmal «Ein Männlein steht im Walde auf einem Bein ...», inspiriert durch die Hühner, die ihr Gewicht gern gedankenverloren auf eines ihrer Stelzchen verlagern, das zweite unter den Bauch ziehen und dabei ein wenig vor sich hin wackeln. Ob sie nachdenken?

In der Natur verfließen Grenzen, Instinkt lenkt oft besser als Verstand, die Sinne sind wacher. Und ich beobachtete das alles gespannt.

Alfie und Federchen standen *zu* oft regungslos auf einem Bein. Meist setzten sie sich danach nieder und hockten wie große Seidenknäuel still in der Ecke, weit weg von der Wirklichkeit. Sie waren zu schwach, es mußte etwas geschehen!

Nach Beratung mit der Tierärztin, die übrigens wie viele kaum Ahnung von Hühnern hatte und Diagnosen eher zu raten schien, entschlossen wir uns zu einer Radikalkur, bei der ich glücklicherweise zwischen zwei Talk-Shows mithelfen konnte.

Jeden Morgen und jeden Abend bekamen die beiden mit Hilfe einer Einwegspritze eine Art Wurmvertilger plus Vitamine als Minidosis zu schlucken. Dazu mußte jedes Tier fest in den Arm genommen, beruhigt und versorgt werden. Später erneute Streicheleinheiten, um das Vertrauen nicht zu verlieren.

Das klappte nur zu zweit, so daß zehn Tage lang ein Ritual entstand, das uns eine immense Nähe vermittelte. Alfie und Federchen erholten sich deutlich und verhielten sich, als seien sie ihren Rettern ewig dankbar. Besonders Alfie, der sich für einen Hahn ungewöhnlich anhänglich entwickelte, meinem Mann gern hinterherdackelte und sich fast auf seinen Fuß setzte, sobald der sich ihm näherte.

Wenn ich da an Erwin Socke denke …

Sicher waren die neuen Tiere den anderen anfangs ein Dorn im Auge, aber nach einer Woche war man sich nähergekommen.

Otis, der starke, freche und vitale Junghahn, ging Erwin Socke erst mal aus dem Weg, wirkte dabei aber keineswegs feige, sondern eher clever: *Ich kenne meine Grenzen. Der Bunte war hier die ganze Zeit der Boß. Außerdem ist er älter als ich. Und meine Stunde kommt noch – das warte ich mal ganz gelassen ab.*

Alfie, der Rekonvaleszent in seinem unsicheren und schwachen Zustand, war sowieso keine Konkurrenz für ihn. So ging jeder Recke seiner Wege, noch unbelästigt vom anderen.

Das Krähen von drei stolzen Hähnen erreichte neue Dimensionen. Sie übertrafen einander in der Melodie, reckten ihre Hälse und tönten aus Leibeskräften, mit hochaufgerichtetem Kamm, gesträubten Schwanzfedern, die im Sonnenlicht eine unglaubliche Farbenpracht entfalteten: Erwin Socke, bunt wie eine Frühlingswiese, Alfie, elegant in blaßsilbernem Gefieder, blaugrün irisierend, der pampige Otis in klarem Schwarzweiß mit grauen Nuancen. Ein Anblick, der Müdigkeit und schlechte Laune augenblicklich vertrieb.

Zwerghähne klingen anders als die größeren Genossen und gehen einem viel weniger auf die Nerven. Wenn sie mich frühmorgens weckten, war mir, als trügen sie die ganze Finca ins Schlafzimmer.

Unwillkürlich sah man aufgeschüttelte Betten vor den geschlossenen Augen *(ach ja, Frau Holle, wie schön war es, als ich das erzählt bekam)* und roch frisches, nicht vorhandenes Heu. Landleben. Erinnerung an Kindermärchen. Hahnenschrei.

Zwar äußerten sich die drei in gleicher Tonlage, aber so unterschiedlich, daß wir immer wußten, wer gerade krähte. Erwin Sokkes Laute wirkten auch in ausgeglichenen Phasen leicht hysterisch (dauernd überschlug sich seine Stimme), ruhig, kraftvoll trompetete Otis, und am angenehmsten, melodiös sanft, machte Alfie sich bemerkbar, den ich auch Domingo hätte nennen können. Doch was wußte ich zu dem Zeitpunkt schon …

Gestört fühlten wir uns dadurch jedenfalls nie. Im Gegenteil.

Eines Morgens zelebrierten Alfie und Otis einen Hochzeitstanz. Nicht irgendwo auf einer verborgenen Lichtung, sondern direkt vor unseren Augen. Beim Ritus der Paarung produzierten die Seidenhähne sich voreinander nicht weniger als vor ihren Hennen. Nach ein paar Ballettschritten bauschten sich die Daunen in alle Richtungen wie kleine Fächer. Kaum sahen das die Damen, mußten sie plötzlich dringend etwas erledigen und sich absentieren!

Doch, zack, zack, versperrten die mißtrauischen Hähne mit grazilen Bewegungen jeden Fluchtweg, die Nähe nutzend, um sich noch einmal von ihrer besten Seite so vorteilhaft wie möglich zu präsentieren. Im Licht ließen sie ihre Federn glitzern, spreizten sich balzend, ihr leises Zischen klang wie Kastagnetten. Raffinierte Bande!

Als sie Zarah und Kim endlich erwischten und es klar zur Sache ging, war das Beste vorüber. Von diesen Liebhabern würde Freund Erwin jedenfalls keine Varianten lernen.

Die Königin des Seidenclans hieß Greta, ein Unikat in Cognacgelb – wie unsere Hunde. Kaum sah ich sie, war ich bezaubert. Wenige Momente nach unserer Begegnung in Hamburg nahm ich sie hoch, drückte sie an mich, und sofort begann sie mit katzenartigem Schnurren. Auch wenn man Gretas Einzigartigkeit sofort wahrnahm, so richtig machte sie sich erst im Alltag bemerkbar. Schon ihr Züchter hatte sich mit ihr besonders innig beschäftigt – ihm war meine Zuneigung nicht entgangen. Er schenkte sie mir, und ich nahm mir vor: Greta, du sollst ein herrliches Hennenleben haben!

Am auffälligsten war ihr Verantwortungsgefühl, ihre Begabung, zu schlichten und einzugreifen, völlig frei von Kampfeslust. An Klugheit und Würde konnte sich kein Tier der Schar mit ihr messen. Dabei war sie durch ihre fremdartige Farbe eigentlich eine Außenseiterin. Noch dazu, wo Experten dem dunklen Huhn einen Vorteil bei Drohgebärden nachsagen. Greta brauchte das alles nicht. Ihre natürliche Autorität nötigte sogar den Hähnen Respekt ab, deren Favoritin sie wurde, wenn auch auf platonische Weise. Greta schien asexuell, ohne jedes Interesse an Paarung und Nestbau. Im Gegensatz zu Braunchen, die sich drängelig den Hähnen anbot *(lieber gut drunter als schlecht drauf)* und dauernd gluckte.

Außerdem verfügte Greta über einen Rückwärtsgang, in dem sie sich am liebsten fortbewegte. In kürzester Zeit entschieden wir: Greta ist gar kein Huhn, sondern ein verzauberter Samurai. Wann immer zwei Hennen, federfüßig oder seidig, aneinandergerieten, kam Greta angepest und trieb sie davon. Vorher schien sie abzuwägen, ob es sich um einen sinnvollen oder nur bösartigen Streit handelte. Traf ersteres zu, stand sie abwartend daneben und beobachtete den Fortgang.

Ein Huhn mit Gerechtigkeitssinn?

Manchmal jagte sie Lisa, die so stark wie verfressen war, ins Gebüsch, um eine dünnere, schwächere Henne – oft Federchen – zu schützen. Lisa fügte sich.

Wir liebten Greta von ganzem Herzen. Sie konnte sich bei offenem Gatter auf dem Grundstück frei bewegen, unser Haus war ihr so vertraut wie ihr eigener Stall. Sie lief einem vorwärts entgegen, und ging man weiter, robbte sie rückwärts vor einem her. Und das mit verblüffender Geschicklichkeit. Aus unerfindlichem Grund war sie nicht nur sauber, sondern rein. Ebensowenig, wie sie in erotischer Vereinigung mit einem der Hähne gesehen wurde, gab es in ihrem Umkreis Anzeichen für eines der üblichen kleinen Häufchen. Irgendwie schwebte Greta über diesen irdischen Dingen.

Das zarte, noch hinter Braunchen und Perlchen rangierende Federchen verließ sich oft auf Gretas Schutz, besonders bei Attacken von Perlchen, die jetzt ihre Chance witterte. Farblich und figürlich konnte in dem grauen Damenreigen dennoch niemand Federchen das Wasser reichen. Ihr Hals blitzte in hellstem Silber, die Ohrscheibe in strahlendem Blau. Ein kugelrundes, hübsches Püppchen von schlichtem Gemüt. Dabei zählte in unserer Begeisterung immer nur unser persönlicher Schönheitssinn, nie irgendwelche Züchtervorgaben. Warum auch? Die Tiere waren bei uns als Freunde, weder zum Verkauf noch für Wettbewerbe.

Mühelos konnte ich sie alle auseinanderhalten. Ich erkannte sie am Laufstil, an der Kopfhaltung, an der Art des Umgangs miteinander. Jedes Tier im Hof war ein Individuum mit ganz eigenem Charakter.

Ein neuer Tag auf der Finca.

Schon von weitem hören wir Motorradgeräusche, in dieser Umgebung laut und unpassend. Das Dröhnen steigert sich, kommt näher. Es klingelt. Wir erwarten niemanden. Maria läuft zum Tor, macht auf und ruft *«alemanes»*, Deutsche sind da.

Ein Kollege aus München will seiner neuen Freundin Mallorca zeigen. Heute ist Cassís dran. Auch gut! Da stehe ich mal wieder auf dem Programm unter dem Motto: «Schau mal, Liebste, so sieht eine Finca aus, das ist das romantische, ursprüngliche Leben.»

Aber diese Suppe versalze ich etwas, drücke beiden trotz ihrer Designerkleidung gleich einen schweren Schlauch in die Hand und sage: «Ihr hättet es gar nicht besser abpassen können. Ich brauche dringend Hilfe!» Schon nach fünf Minuten zeigt das perfekte Make-up der jungen Dame deutliche Schleifspuren. Ich kenne diesen Schlauch, dem ich manche Blase verdanke. Warum soll er nicht auch andere beglücken?

«Wie wär's mit frischgepreßtem Orangensaft aus eigener Ernte?» frage ich aufmunternd und serviere gleich eine ganze Kanne.

Noch sieht der Kollege aus wie runderneuert: helle Strähnchen in der frischen Frisur, weniger Bauch, viel Leder. Im Zuge seines Verjüngungsprogramms, zu dem außer einem Motorrad auch der Backfisch gehört, den man heute Girlie nennt, hat er sich zur Tapferkeit entschlossen. Fest beißt er die teuren, weißen Zähne zusammen, vom Nikotin befreit. Rauchen tut er also auch nicht mehr. Unter uns galt er früher als «eingelegt», konserviert in Alkohol. Die neue Richtung läßt ihn offensichtlich aktiver und gesünder leben. Schade, daß seine Exfrau nur den schlampigen, dicklichen *workaholic* kannte. Wie auch immer, zum aktuellen Outfit gehört wohl der Professor-Higgins-Effekt: *Ich weiß viel, kenne fast alles und zeige es dir so, wie du es ohne mich nie gesehen hättest.* Wow! Cassís im Lehrprogramm wechselnder Begleiterinnen meiner midlife-kriselnden Kollegen.

Lange hält er trotzdem nicht durch: «Du, es ist toll hier, aber wir haben noch so viel vor und müssen, leider, leider, bald wieder gehen.»

«Nur noch das eine Beet», bitte ich.

Sehr gern würden sie vor ihrem Aufbruch noch den «Zoo» sehen, und so schlendern wir hinunter. Die schweren Motorradstiefel zerdrücken den Kies, das Geräusch ist unangenehm. Atemlos doziert der Kollege, Unruhe breitet sich bei den Tieren aus.

Nur Greta kommt uns rückwärts entgegen, begeistert betrachtet von den beiden Besuchern. Immerhin. Sie bremst kurz vor meinem Fuß, und ich nehme sie auf den Arm. Sofort fängt sie an zu glucken, kleine Laute des Wohlbehagens von sich zu geben und es sich auf meiner Hand bequem zu machen. Ich pfeife leise, gleich hebt sie den Kopf und reibt ihren Schnabel an meiner Nase. Meine Gäste können es nicht fassen. Das soll ein Huhn sein? Es sieht ja nicht einmal so aus.

Endlich gehen die unverhofften Besucher.

Die Tiere, draußen und in ihren Gehegen, schreien fürchterlich, sind unruhig und nervös – ihre Art, mir mitzuteilen, daß knatternde Motorräder und laute Menschen in einem Hofleben keine Bereicherung bedeuten. Motoren jaulen auf, Gas im Leerlauf, aufwirbelnde Erde, aggressiv röhrend entfernt sich die schwere Maschine.

Beschwerden scheinen kleinlich angesichts von Licht und Sonne, trotzdem stehe ich etwas matt am Tor und winke beiden wenig enthusiastisch hinterher.

Einige Stunden später läuft alles wieder wie immer. Der Spuk ist vorbei.

Schwein mußt du haben ...

Der Tag, an dem Friederike bei uns einzog, war so düster wie ihre Miene. Allen unseren vorherigen literarischen Erkundungen zum Trotz zeigte sie sich weder «außergewöhnlich intelligent» noch «sozial hochstehend». Statt dessen stieß Friederike lautes, hundeähnliches Gebell aus, verzweifelt und abgehackt, mit jaulenden Untertönen. Sie zitterte und zuckte zum Gotterbarmen, sobald wir uns auch nur von weitem näherten.

Tatsächlich ein armes Schwein!

Aus tiefstem Herzen hatte ich mir ein Schwein gewünscht – nach allem, was ich darüber gehört und gelesen hatte. Aber vorrangig, weil mich Schweine schon als Kind fasziniert hatten. Damals fand ich sie irgendwie listig und lustig zugleich, allein das Grunzen und den Ringelschwanz! Doch beides war bei unserem Neuankömmling nur schwach wahrnehmbar. Zudem weigerte sich Friederike hartnäckig, «dem Menschen ein naher Freund» zu sein, und entzog sich jeder Berührung. Welche Enttäuschung. Meine Hoffnung auf eine harmonische Bereicherung unserer Menagerie fiel in sich zusammen.

Was nützte es, jetzt erschüttert zu reagieren!

Immerhin war auch der Wunsch, gerade dieses Wesen zu erforschen, ausschlaggebend bei der Wahl eines Schweins. Also versuchten wir es weiter mit der ersten Annäherung Mensch – Sau. Das auszudehnen auf Sau – Hund oder Sau – Huhn wagten wir nicht. Zu verängstigt wirkte das kleine Ferkel. Würden wir je seine Zuneigung gewinnen?

Geduld war jetzt dringend nötig.

José, die gute Seele, hatte ihm zusammen mit Burckhard eine trockene, überdachte Hütte gebaut, aus Heu und Stroh ein bequemes Lager gerichtet und das Ganze weiträumig eingezäunt. Da lag sie nun, ein zitterndes Bündel, das man nicht einmal aus Mitleid streicheln durfte. Friederike litt, und wir mit ihr. Dabei sollte sie es bei uns besser haben als dort, wo sie herkam. Doch noch konnten wir ihr das nicht vermitteln.

Sobald ich mich näherte, stöhnte sie auf. Streckte ich nur ein wenig meine Hand aus, zuckte sie zurück, und ich vor Schreck genauso. Es mußte doch einen Weg geben, ihr die Panik zu nehmen. Ich wollte es wenigstens versuchen.

In der Abenddämmerung hockte ich mich in die von Friederike am weitesten entfernte Ecke der Hütte, atmete leise und flüsterte in großen Abständen beruhigende Worte. Jeder Knochen tat mir weh. Nach einer für alle schlafgestörten Nacht wiederholte ich das am nächsten Morgen: «Friederike, heute zeige ich dir dein neues Zuhause, liebes Rikchen, hab keine Angst ...»

Vorsichtshalber ließ ich ihr Gatter offen, um ihr das Gefühl des Eingesperrtseins zu nehmen.

Ganz langsam erhob sich Friederike, setzte einen Fuß vor den anderen, streifte mich beim Verlassen ihrer Hütte sekundenlang, ohne zu zucken *(Jubel)*, und begann, vorsichtig ihre Umgebung zu erkunden. Dabei orientierte sie sich unglaublich schnell. Die wiedererwachte Neugier trieb Friederike auch in andere Teile des Grundstücks, was ich sehr skeptisch beobachtete, immer einsatzbereit. Wie würde sie mit den anderen Tieren zurechtkommen? Doch dabei mußten wir ihr Zeit lassen. Schweinekenner hatten uns ermahnt, behutsam zu reagieren, auch bei «Ausflügen» außerhalb ihres Geheges.

Am vierten Tag saßen Burckhard und ich auf der Terrasse, unterhielten uns bei einer Tasse Kaffee, um uns auch ein wenig von der Arbeit auszuruhen, der nie endenden Kette von Pflichten. Plötzlich erstarrten wir.

Friederike ging spazieren. Dicht am Eingangstor beschnüffelte sie seelenruhig einen Orangenbaum, noch nicht von unseren anderen Tieren wahrgenommen. Musik erklang aus einer imposanten Stereoanlage: Beethoven!

«Das Erwachen auf dem Lande» ...

Wie passend!

Ganz leise, zärtlich, rief ich sie bei ihrem Namen, wie jeden Tag seit ihrer Ankunft, ging ruhig auf sie zu, und schon rannte sie mit mir zusammen zurück in ihre Hütte.

Ich holte eine meiner Geschichten, hockte mich vor sie und begann, mit leiser Stimme zu lesen. Gelangweilt grunzte das Ferkel, drehte mir seinen dicken Hintern zu und schien zu schlafen. Als ich mich näherte, besann es sich, riß mir die Blätter aus der Hand und wollte davonstapfen. Ich nahm's als gutes Omen und rettete wenigstens ein paar schäbige Fetzen.

Es dauerte nur eine Woche, bis Friederike auf «Frieda» hörte und sich nahezu vollständig heimisch fühlte. Alle Verniedlichungen paßten einfach nicht zu diesem eigensinnigen Wesen, aber Frieda kam uns als Abkürzung bodenständig und erdig genug vor. So konnten wir in ernsten Fällen das strafendere «Friederike» benutzen.

Shubu und Toya hatten längst registriert, daß da ein neues Familienmitglied angekommen war. Zwar gab es keine von uns organisierten Besuche, doch Friedas Freiheitsdrang sorgte ohne unser Zutun für tierische Kommunikation. Verblüfft sah ich, daß Frieda auf geheimnisvolle Weise das Gehege verlassen und sich auf Wanderschaft begeben hatte. Shubu und Toya unternahmen ebenfalls ihren obligatorischen Morgenspaziergang. Und nun steuerten sie direkt aufeinander zu. Drei Kometen im All. Ich wappnete mich zum Eingreifen, stand in Startposition, bereit, es mit jedem aufzunehmen. Doch woher drohte überhaupt Gefahr?

Toya blieb etwa drei Meter von Frieda entfernt stehen, Shubu sah – wie immer – erst ihn, dann das seltsame Wesen an, das ebenfalls bewegungslos erstarrt war. Ein Salzsäulentrio, versunken in gegenseitige Betrachtung. Was mochte in ihnen vorgehen? Shubu machte auf mich den fröhlichsten Eindruck, unbekümmert, angstfrei, aber gespannt auf den nächsten Schritt. Toya, skeptisch, mißtrauisch, der geborene Beschützer, der erst einmal abwartete, bereit zum Kampf. Und Friederike, das schreckhafte Schwein, das glücklicherweise schon als Neugeborenes auf dem Bauernhof Hunde kennengelernt hatte. Nervös biß ich an meinem Finger herum, gestützt auf einen Besen, der mir im schlimmsten Fall als Schlichtungswaffe dienen sollte. In diesem Moment ging Shubu auf Frieda zu, schleckte sie ab und wedelte vor Wonne. Auch Frieda schwänzelte ihr entgegen, so daß sich Toya angewidert von dem Weibergetue abwandte, eher gelangweilt als aggressiv. Ich konnte den Besen weglegen.

Shubu und Frieda liefen ein Stück gemeinsam, bis die kleine Hündin es nicht mehr ohne Toya aushielt. Ein kurzer, liebevoller Zungenkuß als «*hasta luego*» («bis später»), und weg war sie. Verwundert sah Frieda ihr einen Augenblick nach und floh dann nach links; die beiden Hunde machten sich in die entgegengesetzte Richtung davon. Oje, hatte ich eine Angst ausgestanden, und was ging's mir jetzt gut! Erlebnisse wie dieses waren Kraftquellen für alles, was an Problemen noch auftauchen mochte.

Zur Begeisterung aller war Frieda wie unsere Katzen sofort sauber und verrichtete ihr «Geschäft» in einer Kuhle auf dem Grundstück. Dazu brauchte sie von ihrer Hütte aus nur ein paar Meter zu laufen. Meine rosigsten Vorstellungen von einem Schwein wurden bei weitem übertroffen.

Frieda hatte Humor, erwies sich als hoch intelligent, fast geruchlos, verschmust und sensibel wie ein Seismograph. Die geringsten Veränderungen im Tagesablauf registrierte sie mit der Genauigkeit der aufgehenden Sonne. Tisch decken für den Besuch? So sicher wie ein Fels stand Frieda in der Tür und bebte still schnaufend ins Rauminnere. Ihr Rüssel hob sich, sie zog die Luft ein und atmete heftig wieder aus. Nein, wirklich, Lässigkeit war nicht ihre Stärke. Wenn ich an ihre erste Konfrontation mit einer Steckdose denke, muß ich jetzt noch lachen: schnüffelnde Schnauze vor Stromzufuhr, Technik und Tier Auge in Auge, starres Betrachten. Wie in dem alten Witz glaubte man Frieda zu hören: *«Komm raus, du Feigling!»*

Abends verlangte dieses zu Recht so genannte Hausschwein seine Verabschiedungszeremonie. Erst mal begonnen, bestand Friederike auf Einhaltung. Wollten wir ausgehen, mußten wir mit allerlei Tricks das Ritual vorverlegen.

Einmal taten wir das nicht.

Carmen und Santiago kamen unangemeldet vorbei und bestanden darauf, mit uns in einem neuen Lokal essen zu gehen: «Eine tolle Kapelle spielt dort live, ihr dürft euch das nicht entgehen lassen.» Also beruhigten wir kurz Frieda und die Hunde mit unserem klassischen Satz: «Wir gehen schnell einkaufen und kommen gleich wieder.» Der wirkte auch am späten Abend gut.

Dachten wir.

Die Hunde legten sich auf ihre Matten und beachteten uns nicht weiter. Unser Schwein stemmte sich gegen die Innenseite der Haustür, weigerte sich, in seine Hütte zu gehen, und wollte keinesfalls allein bleiben. Demonstrativ legte es sich zu den Hunden. Dabei drängte es unsere kleine Shubu stupsend zur Seite. Liebevoll und gutmütig ließ die sich das gefallen, so daß eine dicke Sau, ein kräftiger Rüde und eine zarte, wenn auch robuste Hündin, ein interessantes Knäuel bildeten. Wohl eher einen Hügel.

Beruhigt und entspannt erlebten wir einen vergnüglichen, schönen Abend. Die Musik hatte uns in das weitentfernte Argentinien geführt.

Noch immer lachend und erzählend betraten wir unsere Terrasse, schlossen auf und standen vor dem Chaos. Stühle waren umgekippt, die Hundematten verstreut, der wertvolle Teppich schmutzig, Scherben meiner Lieblingsvase am Boden, zerfetzte Blumen im Wasser daneben.

Ein Stilleben der besonderen Art.

Der saubere Teppichteil diente Madame Frieda als Lager, die Ästhetin Shubu lümmelte sich auf dem Sofa, und auch Toya bettete sein Haupt darauf, den Rest bequem auf den Fliesen ausgestreckt.

Sodom und Gomorrha, Sevilla und Gomera – eine spanische Verschwörung dieses subversiven Haufens. Hatte es ein Schwein-Hunde-Rennen gegeben? Eine außer Kontrolle geratene Hauserkundung oder eine Fete nach dem Motto: Ist die Katze weg, tanzen die Säue auf dem Tisch? Wo waren überhaupt die Katzen? Auf dem Weg zum Schlafzimmer erwartete ich, unsere Ziegen und Schafe im Bett vorzufinden, mit Erwin Socke dösend im Sessel. Doch es schien sich um eine intime Feier gehandelt zu haben, an der lediglich die drei von der Tankstelle beteiligt waren. Wie ich auf Tankstelle komme?

Der Futterkorb, vorher zugedeckt auf dem Küchentisch, lag umgekippt am Boden. Inzwischen war ein lautes Rülpsen nicht mehr zu überhören, gemischt mit ächzendem Stöhnen. Eindeutig aus Friedas Richtung. Überfressen nach vorherigem Wettlauf?

Natürlich ließ sich nie nachvollziehen, was genau geschehen war, aber Übermut und Überfraß hatten eindeutige Spuren hinterlassen, deren Nachwirkungen auch noch den folgenden Tag versüßten.

Magenprobleme!

Seitdem gab es keine überstürzten Aufbrüche mit Freunden,

keine veränderten Rituale mehr, alles hatte künftig seine tiergewünschte Ordnung. Verschob sich die Routine auch nur ein wenig, wartete Frieda in ihrer Hütte notfalls bis nach Mitternacht. Verzicht kannte sie nicht.

Eines Morgens stand Friederike vor dem Gatter und begehrte Einlaß. Sie scharrte mit ihren zarten Hufen, bewegte die schwächlich wirkenden Beinchen. Vier wichtige Gründe, um sie vor Übergewicht zu bewahren. Die dünnen Knochen hatten schon genug am Rest zu tragen; sparsame, kalorienarme Kost war also lebensnotwendig. Damit bin ich beim wahren, gravierenden Problem. Frieda hatte immer Hunger. Wir mußten sie von sämtlichen Mahlzeiten fernhalten, sie einsperren, wenn die anderen Tiere gefüttert wurden, sonst fraß sie denen und auch uns den letzten Krümel weg. Am schlimmsten war es, sich gegen ihr Betteln durchzusetzen. Sie bat so herzzerreißend, daß man sich wie ein fieses Schwein vorkam, wenn man ihr den Zugang zu diesen Köstlichkeiten verwehrte. Für Joghurt ließ Frieda alles stehen. Bei jedem Bissen stieß sie schmatzende Laute aus, die ihren Genuß ausdrückten, sah mit kleinen, pfiffigen Augen glücklich zum Spender auf, wohlig schaudernd, und man mußte schon hartgesotten sein, um der süßen Sau nichts zwischendurch zuzustecken. Doch da herrschte bei uns Einigkeit. Gerade weil Frieda raffiniert genug war, um sogar Türen zu öffnen.

An einem Dienstag, unserem Großeinkaufstag, erwischten wir sie, als sie gerade ihren Kopf in den Kofferraum unserer Klapperkiste steckte, in dem sich die Futter-Wochenration befand. Ich wollte sie wegziehen, da schnappte sie mit bebender Schnauze nach meiner Hand, vor Wut brummend und ausgesprochen zornig. Für Friederike hörte der Spaß beim Essen auf. Da kannte sie keine Verwandten und konnte geradezu bissig werden.

Bis auf diese kleinen Eskapaden liebte sie mich und zeigte es mir auch. Zuneigungen verteilte Frieda nach eigenem Empfinden.

Warum gerade so und nicht anders, wußte keiner von uns. Steckte ich ihr was zu, schlürfte sie es ganz zart aus meiner Hand, einem Kuß nicht unähnlich. Dabei durfte ich mir sogar Zeit lassen. War jedoch Burckhard mal nicht schnell genug, zupfte sie an seinem Hosenbein, stemmte sich gegen ihn und entriß ihm die zugedachte Nahrung. Geduld beim Fressen gehörte nicht zu ihren Tugenden.

Frieda kam mit allen gut aus. Sie lief frei herum und hatte vieles mit Shubu gemeinsam, deren Charakter jedoch sanfter war. Beide legten sich vor mir auf den Rücken und hielten mir ihre Bäuche zum Streicheln hin, beide galoppierten vor Freude schwanzwedelnd unserem Auto entgegen, beide lagen angekuschelt neben uns und träumten zuckend von Jagden und Freßorgien. Manchmal erahnten sie dabei instinktsicher zukünftige Ereignisse.

Auch meine Hündin wußte eine Zwischenmahlzeit zu schätzen, auch sie mußten wir so weit wie möglich von Nahrungsquellen fernhalten.

Die Sau machte allerdings weniger Schmutz. An Regentagen tobte die ganze Viehherde gern durch Pfützen, alle sahen dementsprechend aus. Nur Frieda nicht. Einmal mit den kleinen Haxen über den Abtreter, und nichts erinnerte mehr an Schlamm und Matsch, während die Hunde jede Menge übler Abdrücke hinterließen. Da konnte man noch so sehr die Pfoten wischen, irgendwas blieb immer zwischen den Zehen hängen. Und das war mit Sicherheit der nasseste Klumpen.

Oft kroch Frieda, zu einer Kugel geschrumpft, ins Hühnerhaus hinein, schob sich zentimeterweise nach vorn, immer bemüht, mit ihrem dicken Bauch nicht im Eingang steckenzubleiben. Dabei ragte ihr Rüssel so weit wie möglich nach vorn, um so an den Freßtrog zu kommen. Wenn der dabei umfiel, um so besser. Vielleicht flogen ihr die leckeren Körner ja direkt zu, ohne daß sie sich danach ausstrecken mußte. Mit ihrer geringen Höhe paßte sie gerade durch die Tür, also bedeutete dieser Futtertrog eine Möglichkeit, sich zusätzliche Kalorien zu verschaffen. So intelligent und findig Frieda einerseits war, so dumm und ignorant blieb sie bei der Nahrungsfrage. Hatte sie sich einmal überfressen, litt sie, stöhnte und jammerte, wälzte sich auf dem Rücken und quälte sich mit ständigem Aufstoßen, doch schon wenige Minuten später würde sie die nächste Gelegenheit wieder wahrnehmen. Soll's ja auch bei Menschen geben.

Der Hühnerstalleingang wurde verkleinert.

Dabei wußte Frieda ganz genau, was sie durfte und was nicht. Wenn sie sich trotz aller Verbote etwas klaute, sauste sie flugs auf ihren dünnen Beinchen in irgendein ausgeklügeltes Versteck, voller Hoffnung, dort nicht gefunden zu werden. Konfrontierte man sie mit ihrem Ungehorsam, senkte sie den Kopf, liebkoste die Hand des Schimpfenden und war so zuckersüß, daß man ein halbherziges «aber nicht noch mal» brummte und das Schwein in Frieden ziehen ließ.

Friederike, die schlaue Herzensbrecherin.

Erfreulicherweise gab es zwischen ihr und Shubu keine Konkurrenz. Toya tat auch wenig, um das zu fördern. Oft spielte er den Pascha, gab sich souverän und ließ sich bitten. Von allein wurde er nur aktiv, wenn die Damen sich zu sehr an uns heranmachten. In diesen Fällen verlangte er sein Machorecht, quetschte sich dazwischen und forderte als erster Zuwendung. Dabei setzte er sich – mit seinen Vorderpfoten abgestützt – aufrecht vor mich hin, schön wie eine Statue, schaute desinteressiert ganz knapp an mir vorbei und legte mir seine Pfote auf den Schoß. Patsch! Das und sein freudiges Schwanzwedeln hinterließen manchen blauen Fleck.

Burckhard hatte ihm beigebracht, mit ihm Walzer zu tanzen, eine immer wieder überwältigend erfolgreiche Showeinlage für unsere Freunde. Dazu stellte sich das «Herrchen» dicht vor den Hund, schlug sich tarzanmäßig vor die Brust: «Darf ich bitten?» Schon an dieser Stelle waren die ersten Lacher sicher. Toya stemmte sich auf die Hinterläufe und klatschte beide Vorderpfoten auf die Schultern seines Partners. So verharrten sie sekundenlang Auge in Auge, in stummer Ergriffenheit, Millimeter voneinander getrennt. Dann nahm Burckhard summend – mehr Joe Cocker als Johann Strauß – Toyas rechte Pfote, und beide «drehten» sich über die Terrasse. Die Musikalität stand außer Frage; eher mangelte es an Eleganz. Aber dennoch war die Wirkung enorm und Applaus sicher. Toya liebte diese Auftritte, was er durch heftiges Schnaufen und Wedeln bekundete. Danach rannte er von einem zum andern, um sich noch ausgiebiger loben zu lassen.

Das Ende der Schmusereien bestimmte er selbst, zog sich ganz plötzlich erhobenen Hauptes zurück und ließ sich geräuschvoll unter den Tisch plumpsen. Sein Kopf sackte auf die Pfoten, mit faltiger Stirn schielte er einer Fliege nach – Freude an den schlichten Dingen des Lebens. Auch Erfolg kann lästig werden.

Am stärksten war seine Reaktion auf Fremdes in Grundstücksnähe. Wie ein Wilder sprang Toya gegen den Zaun, wenn Unbekannte bei Paco auftauchten, oder Katzen, die nicht Chou-Chou und Castro hießen. Unsere Hunde gehörten nicht zu den Kläffern, waren alles andere als lärmig. Gebellt wurde bei Gefahr. Basta.

Frieda zitterte dann am ganzen Leib, nur Shubu wartete erst einmal freundlich und in aller Ruhe ab. Schließlich wurde nichts so heiß gegessen wie gekocht. Auch nicht bei Toya.

Bei uns lebten nun zwei Hühnerfamilien, zwei Hunde, zwei Katzen und ein Schwein zusammen mit anderen Tieren, von denen ich noch erzählen werde.

Nur die Federfüßigen waren flugtauglich, die Seidenhühner konnten zwar hoch springen und rasend schnell laufen, aber nur sehr flach fliegen. Für sie war der Zaun zu hoch. Erwin Socke flog oft mit seinen Hennen über das Gatter und führte sie in die verlokkende Welt hinaus. Die beste Gelegenheit, um zu sehen, wie unsere kleinen Tiere sich mit den großen verstehen würden.

Zuvor gab es endlose Geduldsproben mit neuen Übungen. Die gelehrigsten Schülerinnen Braunchen und Perlchen lernten das Wort «hopp». Auf das Dach des niedrigen Bruthauses legte ich ein Stück Gouda und sagte so oft «hopp», daß mich jeder Zirkus engagiert hätte.

Braunchen zeigte sich interessiert. Sie stellte sich dicht vor meine Füße, lugte aufs Dach und mußte vom Effekt der Übung überzeugt werden. Dazu bekam sie einen winzigen Käsehappen als Ehrgeizanreger, ein größeres Stück hielt ich so, daß alle es sehen konnten, und schaffte es, zuerst Braunchen, ein wenig später auch Perlchen hinaufzulotsen. Kaum bekamen das die anderen mit, rannten sie zu uns herüber und beteiligten sich am Unterricht. Kein schlechter Erfolg und eine hübsche Vorführeinlage!

Es klappte zu achtzig Prozent, doch gelegentlich verweigerten meine Hühner den Einsatz. Besonders bei Hausgästen mit einer Vogelphobie, von der ich nie zuvor gehört hatte. Aber es gab ja die merkwürdigsten Angstzustände, warum also nicht die vor Vögeln aller Art? Und gerade wenn ich denen beweisen wollte, wie klug, gelehrig und reizend meine Hühner waren, streikte die Bande. Ein wenig von mir um ihre tierisch selbstverständliche Konsequenz beneidet.

Die munteren Puschenmädels nutzten ihre Flugfähigkeit zu mancher Tour ins Grüne oder zum Nestbau außer Haus. Anfangs hatte ich Angst vor der Begegnung Huhn – Hund und rief vorsichtshalber «hopp, hopp» auf dem Weg zum Gehege. Siehe da, ein kleiner Schwarm machte sich auch ohne Käse ruck, zuck auf den Rückflug. Trotzdem ließ sich ein trauriger Unfall nicht vermeiden.

Eines Tages ging ich mit Toya und Shubu über den Kiesweg zu den Hühnern und freute mich auf unsere kleine Lehrstunde. Beide Hunde stöberten neben mir im Gebüsch herum. Plötzlich knurrte Toya, rannte pfeilartig davon, und schon hörte ich meine Hennen kreischen.

Ich schrie alle Kommandos von «sitz», «down», «Platz» bis «bleib», dazwischen immer wieder «hopp, hopp» für die Hühner, rannte, so schnell ich konnte, zum Gästehaus, als mir Toya bereits entgegenkam. Das alles rollte in rasendem Tempo vor mir ab, und erst später konnte ich manches begreifen. Zuerst lief Shubu hinter Toya her, blieb bei meinen Schreien stehen, sah mich an, ging wieder ein Stück vor, drehte sich um zu mir, verwirrt und unglücklich. Ihr großer Freund schien sie zu brauchen, andererseits rief Frauchen verzweifelt. Was war los?

Toya erwischte die Hühner bei ihrer aushäusigen Wanderung, zu der Erwin Socke sie führte. Diese Idylle hatte der Hund brutal zerstört. Und mir meinen ersten schlimmen Tierkummer bereitet.

Alle konnten rechtzeitig über den Zaun fliehen, nur Marie-Luise nicht. Ihr Flattern mußte Toyas Jagdinstinkt geweckt haben, seine Beute legte er mir nun als «Geschenk» vor die Füße. Ich sah, daß Maries Genick gebrochen war; mein kleines Huhn, von diesem Hund mit einem Hieb getötet. Sie hatte ihm, den sie ja kannte, vertraut und war nicht weggeflogen. Dafür mußte sie sterben.

In diesem Moment war mir mein Hund aus tiefster Seele zuwider. Am Nachmittag desselben Tages mußte ich nach Deutschland. Zum ersten Mal verabschiedete ich mich nicht von meinen Tieren. Shubu und Frieda hatten noch versucht, mich mit Schlecken und Schmusen zu trösten – vergeblich.

Vor meinen Augen lag das erste Tiergrab auf unserem Grundstück.

Im Flugzeug begrüßten fußballbegeisterte Spanier enthusiastisch einige Spieler vom FC Barcelona. Beim Start bekreuzigten sie sich mit großer Gebärde, lehnten sich zurück und schlossen die Augen. Ausnahmsweise saß ich einmal allein in meiner Reihe, sah den traurigen Vorgang immer wieder vor mir ablaufen, auch den verstört in der Ecke liegenden Toya, und begann erneut zu weinen, von den schlafenden Sportlern unbemerkt.

Der Schmerz um Marie-Luise war um so heftiger, als ich mich schuldig fühlte. Sie, der ich das Schnäbeln und «hopp» beigebracht hatte, die handzahm war wie ein Wellensittich, hatte nun gerade *dadurch* ihr Leben eingebüßt. Das tat sehr weh. Ich machte mir Vorwürfe und wollte nie wieder nett zu meinem Rüden sein.

Aber schon bald verstand ich Toya. Noch eine Weile hatte ich Mühe, wie früher mit ihm umzugehen – mit ihm, dem Mörder? –, doch Verstand und Familie halfen mir, die Dinge wieder zurechtzurücken. Toya war seinem Instinkt gefolgt, wollte ausgerechnet mir damit sogar noch eine Freude machen und mußte nun lernen, daß unsere Kleintiere nicht angerührt werden durften.

Dieser erste Tod eines Tieres veränderte ein jungfräulich glückliches Gefühl für die Natur und ihre Geschöpfe, machte mir klar, daß auch hier Stärke zählte und ich das zu akzeptieren hatte.

In jener ersten Zeit beneidete ich Menschen, die auf einem Bauernhof aufwachsen konnten, mit dem Tod auf natürliche Weise vertraut waren und denen diese «Normalitäten» nicht monatelang Kummer bereiteten. Wir hatten schon vorher darüber geredet, wie wir zum Beispiel mit Krankheiten umgehen wollten. Keiner von uns konnte sich vorstellen, ein Tier zu töten, obwohl wir wußten, daß es manchmal notwendig sein würde: nach schweren Verletzungen oder im Endstadium einer Krankheit.

«Du sollst nicht töten» hat für mich eine schwierige Bedeutung. Keine Ameise? Keinen Moskito? Womöglich keinen Bandwurm? Credo mancher Glaubensgruppe. Und was war mit dem Einschläfern von todkranken, leidenden Tieren? Jedenfalls wurde das Gebot in meinen frühen Religionsstunden nicht näher definiert und galt ausschließlich für Menschen. Hätten sonst nicht alle Christen Vegetarier sein müssen? Aber vielleicht ist das Gutheißen der ‹Tötung durch andere› keine Übertretung. Mir kam das immer haarspalterisch vor – nicht der einzige Konflikt zwischen mir und meiner Kirche.

Dumm und oberflächlich fand ich auch Belehrungen wie «kümmert euch lieber um Menschen als um Tiere» – Liebe galt dem Leben, allen Artgenossen; Zuneigung, Schmerz und Leid fühlte der eine wie der andere. Ich wollte das zu gern auf Mensch, Fauna und Flora anwenden. Und wenn schon ein Wesen sterben mußte, dann nach einem liebevollen, artgerechten Leben auf humane Weise, durch einen schnellen Tod. Das war, fand ich, das mindeste, was man von den Menschen verlangen konnte, die oft Lebensdauer und -umstände von Tieren bestimmten und die Todesstrafe verhängten, wann sie es für richtig hielten.

Marie-Luise war nun nicht mehr da, sie hatte kein Schwein gehabt.

Im Hühnerhof geriet die Hierarchie in Unordnung, die Positionen wurden neu erkämpft. Etwa zehn Tage hielten sich alle zurück, flogen nicht mehr nach draußen, selbst wenn ich das Tor öffnete, blieben sie nur in ihrem Gehege. Auch die eigentlich nicht betroffenen Chinesen wußten von der Veränderung. Meine Hühnchen standen unter Schock und mieden ähnliche Situationen.

Toya verstand die Welt nicht mehr. Da lief er nun los, um mir ein wertvolles, noch dazu selbst erlegtes Geschenk zu machen, und als Dank wurde er ignoriert und mußte neue Lektionen lernen. Was waren Menschen doch für sonderbare Spinner! Täglich ging der an Freiheit gewöhnte Hund, am Halsband gehalten, in den Hühnerhof, ohne sich rühren zu dürfen. Er fühlte, Frau war böse mit ihm, sie stand mit einem Huhn auf dem Arm direkt vor ihm, ließ es hinunterfliegen und befahl «bleib». Toya lernte, diese Bewegungen reaktionslos zu ertragen. Und die Hühner übten, zackig in ihre sicheren Ställe zu fliegen, statt paralysiert dazustehen. Wenigstens konnte man ordentliche Leckereien abstauben. Besonders, wenn man sich blöd anstellte und die Übungen deshalb wiederholt werden mußten. War die Stunde vorüber, rannte Toya in langen Sätzen davon und schüttelte die schwere Bürde der Verwirrung einfach ab. Er suchte mich, grub seine weiche Schnauze in meine Hand, stupste mich auffordernd *komm, sei wieder gut*, bis ich ihn versöhnlich streichelte und wir eng wie ein Paar miteinander nach Hause gingen.

Für mich war es eine schwere und langwierige Arbeit, aber glücklicherweise gab es auch bis heute keinen ähnlichen Zwischenfall mehr. Wir alle hatten aus diesem ersten Erlebnis gelernt, und vielleicht war darum Marie-Luises Tod doch nicht vollkommen sinnlos.

Gabriel, das Urgestein

Heute war ein wolkiger Tag. Heftiger Wind fegte über das Land, vor lauter Anstrengung heulend. Eine Stimmung, die Melancholie förderte, ein düsterer Zauber, den ich durchaus mochte. Mallorca kannte das ganze Jahr über orkanartige Stürme; sie überfielen die Bewohner urplötzlich und verlangten «fesselnde» Maßnahmen.

Draußen schlugen irgendwelche Metalle gegen die Wände, eine Gießkanne wurde über die Terrasse gepeitscht. Dicke graue Wolkengebilde zogen über uns hinweg, noch regnete es nicht. Regen entschuldigte hier alles. Das Land konnte nicht genug davon bekommen, dafür nahm man Wind, Sturm, Schatten und Kälte gern in Kauf. Mehr oder weniger erfreut. *La gota fria*, der kalte Tropfen, hatte es vergangene Woche bereits angekündigt: Der Sommer war vorüber.

Ein Tag der kleinen Pflichten, mein Mann weit fort, ich war allein mit meinen Gedanken.

Eingemummelt saß ich am Kamin und versuchte, mir das frühere Leben hier vorzustellen. Karg und hart muß es gewesen sein. In diesen Breitengraden gab es eben nicht nur Sommer, Sonne, Meer, wie viele Menschen nördlicher Regionen wohl glaubten. In den kühlen Nächten reichten damals auch die dicken Steine nicht aus, um Feuchtigkeit und Kälte fernzuhalten. Die Menschen, die auf unserem Stück Land gelebt hatten, schliefen in klammen Betten, froren und litten unter Rheuma. Um dem harten Boden etwas Nahrhaftes abzuringen, mußten sie täglich viele Stunden gebückt die trockene Erde beackern. Im Winter gab es nur eine Heizungsquelle. In riesigen flachen Gefäßen, die man unter den Tisch stellte, wurden Mandelschalen verbrannt, an deren Glut man sich die abgefrorenen Füße wärmte und nebenbei Gemütlichkeit erzeugte. Noch heute kenne ich Familien im Dorf, die nach der Mandelernte mit den Schalen das ganze Haus heizen.

Gabriel kannte sein Alter nicht genau, aber er erinnerte sich an vieles, was vor achtzig und mehr Jahren geschehen war. Ihm gehörte einmal unser Land, er hat es uns «erklärt» und uns beim Bauen begleitet. Ein kleiner, kugelrunder Mann mit widerspenstigem grauem Haar, der sich das kantige Kinn mittlerweile extra meinetwegen besonders gut rasierte. Die ersten Begegnungen waren ausgiebige Spaziergänge auf dem Grundstück. Gabriel zeigte uns fruchtbare Ecken und welche, bei denen «alle Liebesmüh' vergebens» sein würde. Nie hätten wir an seinen Aussagen gezweifelt. Während der ganzen Anfangszeit kam er fast täglich mit seiner kleinen bimmelnden Ziegenherde zum Grasen zu uns, «sie kennen es nicht anders». Und wir wußten unseren Lehrmeister zu schätzen. Zwar hatte er das Grundstück längst an einen cleveren spanischen Geschäftsmann verkauft, aber es nie wirklich verlassen. Damals umarmte ich Gabriel glücklich und dankbar für seine Hilfe. Die alte verschossene, vor Urzeiten dunkelblaue Strickjacke, die ausgeleiert um ihn herumschlabberte, roch wie seine Ziegen, und seine Bartstoppeln pikten. Er wäre gut als Clochard durchgegangen. Ich lernte ihn zu verstehen, was bei einem Redefluß, der von keinem Zahn gebremst wurde, nicht so einfach war. Und siehe da, als Gabriel ein paar Tage später wieder einmal bei uns vorbeischaute, war er glattrasiert, duftete nach Seife und trug eine frische Jacke. Sein Haar hatte unter einer Wassermasse vorerst jeden Widerstand aufgegeben.

Gabriel traf uns oft an, denn in dieser Zeit übernachteten wir einige Male in einem Zelt, das wir vor «unserem» Felsen aufgebaut hatten. Um alles richtig zu machen, wollten wir Sonneneinwirkung, Lichtverhältnisse, Wind und Erde genau kennenlernen. Mit Hilfe unseres *campesino*.

Dabei war Gabriel ein reicher Mann, von denen ich später noch einige kennenlernte. Wie seinen Freund Benito, der in einem Schuppen lebte, so ärmlich, daß man hätte Mitleid bekommen können – wären da nicht der riesige Fernsehapparat, der große Kühlschrank, das moderne Telefon gewesen. Allerdings gab es kein Bad; nur Waschschüssel und Klohäuschen im Hof. Benito besaß viel Land, hatte etliches davon an Ausländer mit ihren Sehnsüchten verkauft, und wie man im Ort wußte, gehörten beide, Benito wie Gabriel, darüber hinaus noch zu den Gewinnern stattlicher Beträge im Lotto. Auch hier kannte man das Sprichwort mit dem Teufel und dem Haufen …

«Wieviel hast du denn bei der Lotterie bekommen?» fragte ich ihn einmal.

«Ein Vermögen», war die Antwort. Wie alle Reichen konnte er sich nicht an die genaue Summe erinnern.

Von manchem Grundstück hatten sie sich jedoch niemals getrennt, auch wenn sie selbst es nicht betraten. Dafür gab es uralte familiäre Gründe. Besonders um die Jahrhundertwende herum bekamen Kinder von ihren Eltern Parzellen vererbt, flaches oder bergiges Land. Ein Bruder erhielt die linke Hälfte, die man mit Kreide markierte, die anderen drei oder fünf Geschwister teilten sich gerecht den Rest. Nur bei völliger Einigkeit war richtig Geld zu machen, wenn nämlich alles zusammen an einen wohlhabenden Ausländer verkauft werden konnte. Und daran scheiterte es oft. Viele unbekümmerte Wanderer haben bis heute nicht begriffen, daß auf Mallorca fast jeder Quadratzentimeter Land einen Eigentümer hat, auch wenn kein Schild, kein Zaun darauf hindeutet.

Gabriel und Benito gehörten zu den wenigen mit eigenen großen

Arealen, die sie teuer verscherbelt hatten. Gute Geschäfte lösten diebische Freude aus. Trotzdem blieb ihnen noch genug weitere Erde übrig. Manchmal deutete Gabriel in eine diffuse Ferne und sagte «meins».

«Gehst du dort manchmal hin?» fragte ich ihn.

«Nie, aber ich seh es mir gern von hier aus an.»

Was bedeutete schon Geld? Einen Teil davon bekamen die Kinder, die sich in den großen Städten sterile *domicilios* zulegten und sich dadurch noch weiter von den Eltern entfernten, einen Teil legte man zurück und beachtete es nicht weiter. Am Alltag änderte sich nichts. Ein paar der Kinder blieben doch meistens im Ort, und damit war man zufrieden. Pepe eröffnete von Papas Pesetas eine Bar, und Antonia erhielt eine kostbare Aussteuer, die ihr den richtigen Mann zuführte. Hauptsache, das tägliche Brot mit Zigaretten und einem kleinen Gläschen konnte man sich mühelos leisten. Die einzige luxuriöse Investition war ein echtes Keramikgebiß, mit dem Gabriel ein völlig neues Lächeln zeigte.

Was sollte man mehr vom Leben verlangen?

Was unseren Bau betraf, war Gabriel wählerischer. Im Schutzgebiet durfte man sowieso nur natürliche Materialien verwenden. Darauf achtete schon der Beauftragte der Gemeinde, derselbe übrigens, der die schlimmsten Betonklötze am Meer genehmigte. Hier jedoch, im bäuerlichen Hinterland, wurde jede Kleinigkeit begutachtet. Ich wollte so gern ein überdachtes Eingangstor haben, das ich häufig in Dörfern gesehen und fotografiert hatte. Wir bauten es und mußten es wieder abreißen. «Zu amerikanisch.» Hartnäckig legte ich alle meine Fotos mallorquinischer Anwesen vor, die den konsequenten Herrn nicht umstimmten: «Abreißen, in zehn Tagen komme ich wieder, dann ist das weg.» Dabei blieb es.

Mehrfach tauchte dieser wortkarge Mann bei uns auf, betrachtete argwöhnisch die Baustelle, beantwortete kaum Fragen, verlangte stur die Erfüllung bestimmter Auflagen «*y nada más*», sonst nichts.

Und Gabriel achtete darauf, daß der landestypische Stil eingehalten wurde. Im Gegensatz zu dem unzugänglichen «Rathausabgesandten» lobte Gabriel uns aus vollem Herzen: «Ihr macht es am besten von all denen hier», verächtlich beschrieb sein Arm einen weiten Bogen, «es ist so, als hätte ich es gebaut und nicht diese deutschen Palastarchitekten.»

Mehr konnte man nicht erwarten.

Daß Gabriel immer wieder kam, hier aufmunterte, dort etwas korrigierte, freute uns sehr. Wir waren auf seinem Land, und auch wenn es ihm heute nicht mehr viel bedeuten mochte, wollten wir doch weder sein Auge noch sein Herz kränken.

Gerade an einem Tag wie diesem stieg er gern zu uns herauf, seinen derben Stock mal als Stütze verwendend, mal zur Abwehr von Insekten schwenkend, während er bei Hitze um nichts auf der Welt sein Heim verließ. Aber man mußte noch draußen sitzen können, innen war es ihm zu «fein», zu «gepflegt» geworden. Er wußte dann nicht, wohin mit sich, stand verlegen herum und wollte so schnell wie möglich wieder raus. Das fand ich schade. Trotzdem mochte ich für unser Haus nicht seinen Einrichtungsstil übernehmen – auch nicht ihm zuliebe. Der wäre mir dann doch zu rustikal: wackliger Tisch, zwei durchgesessene Stühle, ein alter, wurmstichiger Schrank und eine ebensolche Kommode. Ich kannte Leute in Deutschland, die eine gepflegtere Rumpelkammer ihr eigen nannten.

Gabriel und ich saßen auf der Steinbalustrade und schauten in den Himmel. Er wußte genau, wie lange dieses Wetter dauern und daß es Regen geben würde: «Die ganze Nacht.»

«Das ist gut», fand ich, und wir schwiegen wieder eine Weile. Gabriel klopfte seinen Tabak heraus und begann eine umständliche

Fummelei von Schütteln, Klopfen und Schieben. Krümel fielen daneben, bis ein brauner Kranz ihn umrahmte. Brannte die erstaunlich formschöne Zigarette endlich, mutierte ich zum Schulkind, das froh neben seinem Vater saß und den Pfeifenrauch inhalierte. Ja, so war es damals ... Papas Tabak roch genauso ... das Kalumet meiner Jugend ... All die Jahre, wo sind sie geblieben ...

Gabriels Ziegen grasten nun auf einer anderen Weide, meine interessierten ihn nicht. Es war still, und ich hörte von allen vieren die Glöckchen. Jolanda und Jupp, das Ziegenpaar, waren sicher auf der obersten Terrasse, ihrem bevorzugten Territorium. Unsere Schafe Henriette und Homer hatten sich einen anderen Platz gesucht, niedriger und saftiger. Jupp kletterte gern, das konnte er hier. Frieda grub in Sichtweite die Erde um, immer auf der Suche nach verborgenen Freßschätzen, neidisch beäugt von Erwin Socke und Konsorten.

Ein Dauerthema zwischen uns – auch heute – waren die Tiere. Gabriel fand es idiotisch, Frieda nicht zu essen. Ganz zu schweigen von den Hühnern und Gänsen. Daß Goya, unser Esel, einfach so bei uns leben durfte, ohne schwere Arbeit zu leisten, mißfiel ihm ebenfalls. Vor den Hunden fürchtete er sich, Gustav, der Ganter, war ihm unheimlich. Überhaupt: Seine Ziegen wohnten mit ihm in einem Zimmer, also war es in Ordnung, daß Schwein und Hund auch mal im Haus bei uns sein durften. Doch schon die gepflegten Ställe unserer Tiere ließen ihn die Stirn runzeln.

Bei ihm hatten die Hühner in seinem kleinen *Patio* einen Misthaufen neben dem Trog, auf dem sein Werkzeug lag, und «mein Esel hat zu arbeiten, sonst gibt's nichts zu fressen. Basta! Euer Schwein und die Gänse sind fett genug, sie gehören in den Topf, und warum sehen Schafe und Ziegen bei euch aus wie gebürstet?»

Ob sich Spanier und Deutsche in bezug auf Tiere einander je annähern werden? Eine Nation, deren Lieblingssport der Stierkampf ist und die sich trotz aller Demonstrationen nicht davon abbringen läßt, hat wohl ein anderes Verhältnis zu Tieren im allgemeinen. Für sie bedeutet die *corrida* ungebrochene Tradition und Kultur. Ich konnte Gabriel zehnmal erzählen, daß Stiere keine Farben erkennen können und nur gegen die blöde rote *capa* rennen, weil sie tagelang im Dunkeln eingesperrt waren und so blind wie verwirrt auf das Erstbeste zulaufen, was sich bewegt. Er hielt es für ein Märchen.

Immer noch gibt es heimliche Hahnenkämpfe – gegen alle Verbote. Viele Spanier lieben edle Pferde und wertvolle Bullen, sie sind stolz auf besonders gelungene Züchtungen und Tapferkeitsbeweise in der Arena. Der Tod dieser Tiere, so qualvoll er ist, wird als Ehre angesehen.

Neuester Trend: die *Torera*. Wie in vielen Ländern Frauen den Boxring erobern wollen, stechen sich in Spanien und Südamerika mehr und mehr *Señoritas* nach vorn in die ausverkauften Manegen. Segnungen der Emanzipation? Wohl kaum.

Wann immer sich die Gelegenheit ergab, brachte ich meine vernünftigen Argumente vor, fast immer vergeblich: «Das ist nun mal so, das war immer so, das ist unsere Tradition.» Aussagen wie diese kennen wir weltweit, Borniertheit hat keine Nationalität.

In Deutschland bedauerte ich die vollgefressenen Hündchen, deren Halter alles vermenschlicht hatten und kaum Platz ließen für Artgerechtigkeit. In Italien sind Singvögel, in Frankreich Frösche eine Delikatesse. Die geschundenen Esel in Griechenland, unvorstellbare weltweite Tiertransporte, Hühner in Batterien mit amputierten Schnäbeln: Mir und vielen anderen verursacht das Alpträume. Wir alle laden Schuld auf uns. Meine Familie und ich versuchen wenigstens, unseren Tieren eine Heimat zu bieten, so liebevoll und natürlich wie möglich. Menschlichkeit, Umweltbewußtsein, Politik, Religion – zuerst können wir nur bei uns anfangen. Ein Lied, das ich als Teenager schrieb, blieb zeitlos aktuell: *Kleine Kreise werden groß ...*

Gabriel wußte, daß ich Frieda vor dem Tod gerettet hatte, und schüttelte den Kopf darüber. Ein deutsches Ehepaar hatte sich das Neugeborene hier von einem Bauernhof geholt. Kurz danach wurde klar, daß sie aus beruflichen Gründen wieder zurück nach Deutschland mußten. Das Schwein wollten sie nicht mitnehmen, also brachten sie es zu einem mallorquinischen Zuchtbetrieb. Als ich es kaufte, feilschte ein Spanier bereits um den Preis. Unsere Frieda wäre bestimmt als Spanferkel am Grill gelandet. Welche Vorstellung! Und nun stand diese liebenswerte Sau einige Meter von mir entfernt, sah manchmal verschmitzt zu uns herüber, war aber zum Kommen zu beschäftigt. Gabriel schnalzte geringschätzig mit der Zunge gegen seinen zahnlosen Gaumen. Das Geräusch war effektvoll. Ich lachte. Gabriel stimmte ein, wahrscheinlich aus anderen Gründen.

Heute hatte Frieda sowieso keine Lust auf Kontakte. Da war sie wie die beiden Katzen und viele andere Tiere: Man mußte Geduld haben und abwarten, bis sie von selbst kommen wollten. Auf ungebetene Annäherungsversuche reagierten sie gereizt. Vielleicht durfte Kater Castro deswegen auf Friedas Rücken schlafen.

Mitten in unsere Gedanken sprang Chou-Chou auf Gabriels Schoß. Der zuckte kurz zusammen und kümmerte sich nicht weiter um sie. Schnurrend rollte sich die Katze ein, kniff die Augen ganz eng zusammen und machte es sich bei Gabriel gemütlich. Wir plauderten ein wenig, er erzählte etwas Dorftratsch, griff urplötzlich nach seinem Stock, stand auf und verabschiedete sich. Das Spiel begann. Der kleine Mann stellte sich auf die Zehen, seine Sandalen wurden ganz krumm, er beugte sich, so weit er konnte, nach vorn und hob mir sein Gesicht entgegen. Ich nahm es zwischen meine Hände, küßte seine Stirn und beide Augenlider. Er ging mir etwa bis zur Brust, an die ich ihn nun drückte, danach beugte ich mich hinunter und erhielt ebenfalls den Kuß auf Stirn und beide Wangen. Hier hatte das noch Bedeutung.

Gabriel ging fort.

Er wird wiederkommen.

Gans allein ist auch kein Leben

Für meine Mutter war Cassís zweite Heimat und Jungbrunnen zugleich. Hier weiteten sich neben ihren Augen auch ihre Adern – biotrope Faktoren spielen auf Mallorca eine wesentliche Rolle. Schon nach kurzer Zeit floß das Blut leichter, ihre Lebensfreude stieg proportional zum Sinken ihres Cholesterinspiegels. Sie genoß es, fast im Freien zu wohnen, auf der Terrasse Gemüse zu putzen, das sie vorher im Garten geerntet hatte, und zwischendurch ihre Blicke schweifen zu lassen.

Bis auf den Ganter mochte sie auf ihre Weise alle Tiere bei uns. Dabei war Gustav harmlos. Wenn er allerdings zischend und fauchend auf sie zuschoß, schien das schon ein verständlicher Grund zum Rückzug zu sein. Selbst Gertrud, sein Gänsemädel, blieb nicht immer von Attacken verschont. Bevor sie zu uns kam, lebte Gustav eine Zeitlang allein und litt wohl schrecklich, ohne daß wir ahnten, warum.

Er kam ans Haus, schlug mit seinem Schnabel immer wieder kräftig gegen die Glasscheiben, begehrte Einlaß. Fordernd und verzweifelt.

Die besorgte Frage: «Gustav, was ist denn, was willst du?» beantwortete er, indem er laut keifend durchs ganze Haus schritt, den Hals weit vorgereckt, als suche er etwas. Ich verstand ihn nicht. Tagelang verhielt der Ganter sich so merkwürdig. Er klapperte jeden Meter Grundstück ab, prüfte alle Ecken, lief hin und her und krächzte, schon bald heiser vom eigenen Geschrei. Längst waren unsere Katzen vor ihm geflohen. Chou-Chou machte einen Buckel, sobald sie Gustav nur hörte, pustete sich auf zum doppelten Format, spuckte vor Zorn und schoß am Johannisbrotbaum hoch. Von dort aus fokussierte sie den Ganter feindselig mit peitschendem Schwanz und geweiteten Pupillen. Unser Haustiger – sofern der Abstand stimmte.

Castro fand das Gewese um Gustav übertrieben. Ein Kater, der was auf sich hält, verschwendet seinen Jagdinstinkt nicht. Unvorsichtige Mäuse: ja – aber doch nicht blöde Gänse. Tagsüber hatte man gefälligst zu schlafen und Kräfte zu sammeln für die aufreibende Nachtschicht.

Und dann erwischte ich Gustav plötzlich, wie er auf Otis stieg und ihn begatten wollte. Doch Otis hatte niemals gleichgeschlechtliche Neigungen gezeigt. Mein «Pfui, Gustav!» verhinderte einen tiefen Schock für den Hahn und brachte mir die Erleuchtung. Gustav sehnte sich nach einer Partnerin. Sein Liebesleben lag auf Eis!

So kam Gertrud zu uns, eine schöne, graue Gans mit herrlichen Augen. Wenn Gertrud mich anguckte, schmolz ich dahin. Sie folgte mir auf Schritt und Tritt; manchmal wurde es schon lästig. Dabei sah sie zu mir auf: *Du kannst mir vertrauen, sprich mit mir.* Tatsächlich konnte ich ihr alles sagen, Gertrud schien jedes Wort zu verstehen. Bis auf «hau ab».

Gustav beruhigte sich schlagartig, und weil ich es war, die ihm Gertrud gebracht hatte, vergaß der Ganter manchmal seinen Dünkel und watschelte ebenfalls hinter mir her, kleine Liebeslaute ausstoßend. Anderen gegenüber konnte er garstig sein – reine Launensache. Er stieß dann seinen Hals vor, riß den Schnabel auf, wobei er die Zunge wie eine Schlange flatternd herausstreckte, und gab furchterregende Geräusche von sich. In diesen doch eher seltenen Fällen schrie meine Mutter unwillkürlich leise auf und schlich sich vorsichtig zurück ins *Casita*, ohne die Augen von Gustav abzuwenden. Doch bis heute hat er sie noch nie angerührt.

Ein auf Mallorca lebender Südamerikaner brachte sich Gustav im Flugzeug-Frachtraum von Übersee mit, um ihn dann nahezu verhungern zu lassen. Das Tier war völlig verwahrlost und abgemagert, als wir ihm erstmalig begegneten.

«Sie müssen sich unbedingt anschauen, wie dieser Mistkerl seinen Ganter hält, Sie haben doch so viel Platz», sagte mir die Irin, die in Abwesenheit des vielreisenden *Caballeros* sein Haus putzte und nach dem Rechten sah. Der Vogel war in einem kleinen, düsteren Verschlag untergebracht und wurde von der jungen Frau alle zwei bis drei Tage versorgt. Ohne erst die Rückkehr dieses Herrn abzuwarten, nahmen wir Gustav mit, der erbarmungswürdig quietschte. Wahrscheinlich hatte er sich in seiner Not schon die Stimmbänder kaputtgeschrien. Anstelle des Ganters würde der Mensch eine bissige Notiz vorfinden.

Später erhielt der elegant auftretende Chilene von uns ein paar Pesetas für das wertvolle Tier, womit der Besitzwechsel vollzogen war.

Und die Stimme erlangte Gustav in vollem Umfang eher zurück, als manchem unserer Besucher lieb war. Denn eine bessere Warnsirene als Gänse gibt es nicht.

Gertrud wiederum war zum Verzehr bestimmt. Auf dem angesehenen Markt in Sineu bot man in praller Sonne Haustiere aller Art auf winzigstem Raum zum Kauf an: an den Beinen zusammengeschnürte Ziegen und Schafe in kleinen Gattern, an kurzen Zügeln festgebundene Esel und Pferde. Hühner, Enten, Vögel in Miniaturkäfigen eng zusammengepfercht, erbärmlich fiepend. Am schlimmsten traf es die Pfauen und Puter, deren lange Hälse nur flach liegen konnten, weil die Kiste viel zu niedrig war.

Auf meinen Protest reagierten die Händler freundlich: «Das ist ja nur für die kurze Zeit bis zum Verkauf, danach haben es die Tiere gut.»

Hilflos wollte ich daran glauben.

Gertrud, grau, bis auf den Schnabel, die zarten Füße und die schwarzbraunen, schönen Augen, wurde mir als «schlachtreif» gepriesen. Sie hatte ihren Hals eingezogen und konnte sich im Vogelkäfig in keine Richtung bewegen. Sie musterte mich kurz, aber eindringlich, und schaute in eine andere Ecke. Ich fühlte mich schuldig an der Ungerechtigkeit der ganzen Welt und nahm sie beschämt mit nach Hause.

Das war das letzte Mal, daß ich den renommierten und als Touristenattraktion geltenden *mercado* in Sineu betrat. Meine Möglichkeit, an den Zuständen dort etwas zu ändern, war ebenso gering wie meine Kraft, das, was ich sah, zu ertragen. Die Märkte in Palma und anderswo boten genug Lebensmittel, frisches Obst und Gemüse, so daß ich auf jene mit einer Abteilung für lebende Tiere verzichten konnte.

Wieder daheim, begutachtete Gertrud ängstlich das weitläufige Gelände mit den Ställen und den für Gustav angelegten kleinen Teich rechts davon. Dann setzte sie vorsichtig die empfindlichen Gänsefüßchen auf den staubigen Boden, den wir mühsam von gefährlichen Steinen befreit und mit etwas Erde aufgeschüttet hatten. Erst am nächsten Tag sollte sie Gustav kennenlernen, der jedoch schon erwartungsvoll krakeelte. Ein Teil der Marktlast fiel von mir ab, eben ging die Sonne unter, der Anblick war bezaubernd. Licht und Schatten auf den grünen Büschen, in der Ferne sah das Meer aus wie eine malvenfarbene Bordüre am orange-rosa Himmel. Wenigstens auf Cassís war die Welt noch in Ordnung.

Am folgenden Tag war es soweit: Gertrud und Gustav sollten einander begegnen. Gespannt warteten wir auf seine Reaktion. Gerade nahm er ein Bad, tunkte seinen langen Hals tief unter Wasser, richtete sich ruckartig wieder auf und ließ so die Tropfen voller Genuß über seine Federn perlen. Danach schlug er ausgiebig mit den

Flügeln (wenn man schon geduscht hatte, hielt man sich besser entfernt), tauchte erneut unter und begann beim Landgang mit seinem hohen Geschnatter. Ohne den Boden zu berühren, fegte er wie wild über die Weide: sein Morgenflug.

Da trat Gertrud aus dem Stall.

Nach der gustavtypischen Schrecksekunde pfiff er wie ein Jungtier vor freudiger Überraschung und begann mit einer kleinen Balz, die mit zu den schönsten Varianten gehört, die ich kenne. Wenn's um Liebe geht, sind große Auftritte unumgänglich. Also blieb Gustav in einiger Entfernung von Gertrud stehen, sein Hals deutete eine ausgestreckte S-Kurve an, jede Bewegung mit halbierter Geschwindigkeit. Liebes-Slow-motion. Auch Gertrud rührte sich nicht, wirkte allerdings eher verschüchtert als verliebt. Nun flatterte Gustav dichter heran und benahm sich zu unserer großen Erheiterung wie ein eitler Galan. Er tat alles, um Gertruds Aufmerksamkeit zu erregen. So rannte er plötzlich fauchend auf uns friedliche Zuschauer los, bereit zum Angriff.

Um ihn vor seiner zukünftigen Gefährtin nicht zu blamieren, ließen wir uns, leicht zurückweichend, diese Attacke gefallen, so daß Gustav triumphierend losschrie und sich immer näher an Gertrud heranwagte. Die sah schon etwas fröhlicher aus, wie man an ihrem neugierig vorgestreckten Kopf erkennen konnte. Das leise Schnattern deutete Gustav offensichtlich als Animation, denn er trippelte wieder einige Schritte in ihre Richtung.

Mein lieber Ganter, das zog sich hin!

Dann endlich stand Gustav vor Gertrud und legte ihr kurz seinen Hals auf die Schulter. Eine zärtliche, anrührende Geste. Unsere zerschmolzenen Mienen hätten auf einem Foto sicher ziemlich blöd ausgesehen. Doch Gertrud sorgte für befreiendes Lachen, als sie ihren Bewerber lässig abschüttelte und voran zum Teich schritt, ergeben gefolgt von Gustav, der sich ihr jetzt ungekränkt und friedlich anpaßte. Ein schönes Paar. Nach dem vielen Wind beim Vorspiel hatte das Männchen nun erst einmal weniger zu melden und brauchte eine Verschnaufpause.

Schon lange vor Christus wußten unsere Vorfahren die Tugenden von Gänsen zu schätzen, speziell deren Wachsamkeit. Im Laufe der Jahrtausende verwandelte sich der Ruf der hochangesehenen Gans in den der dämlichen. Ohne ihr Verschulden, wie man spätestens seit Konrad Lorenz weiß. Alle Gänse sind äußerst mißtrauisch, so auch Gertrud und Gustav. Als ich einmal bei großer Hitze einen Sonnenschirm in ihren Hof stellte, weigerten sie sich, diesen zu betreten. *Gefahr! Gestern gab's das Ding noch nicht, also Obacht, das müssen wir meiden, keinen Schritt näher.* Es dauerte Stunden, bis sie endlich ihre sture Haltung aufgaben und sich mit der Lage abfanden. Später reagierten sie fast ebenso irritiert, als ich den Schirm wieder entfernte. Gänse mögen keinerlei Veränderungen.

Nicht gerade leicht, das auf einer Finca wie der unseren zu berücksichtigen.

Unser Gustav war seit dem Erscheinen von Gertrud so glücklich, daß er um Jahre verjüngt wirkte. Agiler, aber auch ein wenig gereizter. Kam er jetzt auf die Terrasse, dann forderte er ungeduldig unsere Aufmerksamkeit oder ein Zubrot, die Suche nach einer Gefährtin war für ihn jedoch beendet.

Wir freuten uns schon auf das Hochzeitsritual, mit dem ein Ehebund lebenslänglich geschlossen wird. Eine Gänsebalzerei zu Land und zu Wasser, von der verliebte Jünglinge viel lernen könnten. Um die Liebste für sich zu gewinnen, wird geworben, was die Phantasie hergibt. Ich wünschte beiden, daß sie nie ohne einander leben müßten. Ihr Leiden dauert sonst lange und ist so stark, daß viele Halter sich von dem zurückgebliebenen Tier auch bald trennen. Sie ertragen den Anblick nicht.

Wir sahen den Gänsen beim Fliegen zu, dem Traum von Freiheit, der uns Menschen seit jeher fasziniert. Sie beherrschen diese Kunst fast so gut wie kleinere Vögel, und manchmal versuchte ich, etwas von ihnen zu lernen. Seit vielen Jahren springe ich zum Entsetzen meiner Familie aus Flugzeugen. Fallschirmspringen: mein Regulativ zur Problembewältigung, meine Übung in Demut, mein Hobby, auch als Kampf gegen verwurzelte Ängste. Die kleine Welt unter mir macht mir meine Korngröße bewußt, die gigantische Natur um mich herum zeigt mir, was wirklich Bestand hat. Der Flug nach oben in die geräuschvollen Luftwirbel ist etwas Besonderes. Wir sitzen auf engstem Raum meistens still nebeneinander, jeder in seine Gedanken vertieft. Kurz vor zwei- bis viertausend Metern über dem Boden letztes Überprüfen, die Luke öffnet sich, laut dröhnt es herein. Ich stemme mich gegen den enormen Sog, vom Bein zieht das Kribbeln schlagartig bis in die Magengrube, noch eine Sekunde bis zum Kommando, und raus ins Nichts ... Unausweichlich ... Unaufhaltsam.

Gesicht und Overall werden aufgeblasen, ich falle und falle fast zweitausend Meter tief, in denen die Zeit stillsteht, bis der heftige Ruck des sich öffnenden Schirmes alles bremst. Der Gleitflug kann beginnen. Richtungskorrektur, die Therapie setzt ein. Wie Gertrud und Gustav beginne ich schon beim Sinken mit den Laufbewegungen, setze auf, renne, und liege unter Bergen von Seide, wenn mir die Landung nicht so gut geglückt ist. Manchmal aber liegt mit dem Stoffberg auch ein Problem weit *hinter* mir.

Früher, als ich noch die pure Stadtfrau war, plagte mich oft das Gefühl, meine schnelle Gangart nicht ändern zu dürfen. Bei Stillstand, dachte ich, bräche alles zusammen. Auch ich.

Wurden die Fragen zu drängend, die Lösungen zu halbherzig, ging ich in die Luft, relativierte die Dinge und suchte – wieder auf dem Boden – nach besseren Antworten, deren Basis ich im Gleitflug fand. Das Landleben hat vieles verändert. Trotzdem gab ich auch auf Mallorca das Springen nicht auf, nur mein Bedürfnis danach verringerte sich.

Ich spürte mehr, als ich es sah, daß meine Mutter hinter mir stand. Sie hatte sich also doch wieder herausgetraut. «Warum hast du bloß Angst vor Gustav, er hat dir noch nie etwas getan», fragte ich sie.

«Na, das fehlte auch noch, wo ich immer sofort vor ihm die Flucht ergreife. Wenn ihr alle dabei seid, kommt er mir auch gar nicht mehr so bedrohlich vor, aber irgendwie hat er's auf mich abgesehen, wenn ich ganz allein bin.»

Ich schüttelte den Kopf. «Das bildest du dir nur ein, er ist eben sehr neugierig.»

Trotzdem verstand ich sie. Ein zischender Ganter direkt auf den Fersen verursachte sicher wenig Wohlbefinden, selbst wenn er gar nichts weiter tat. Wie jetzt, wo er mit seiner Gertrud in aller Ruhe durch die Obstplantage watschelte und aussah, als könne er kein Wässerchen trüben. Einige Orangen waren auf den Boden gefallen, die Bäume strotzten vor Gesundheit und durchzogen die ganze Ebene mit ihrem Duft. Prall boten sich auch die Zitronen zum Pflücken an. Wir mußten mal wieder ernten, denn schon lange kauften wir keine Zitrusfrüchte mehr. Bei uns schmeckten Obst und Gemüse nach dem, was sie waren. Wer je unsere Tomaten frisch auf Brot gegessen hatte, würde sich mit Ladenware nur unter Protest begnügen.

Mutter und Tochter setzten sich auf die Holzbank unter dem riesigen Olivenbaum, streckten bequem die Beine aus und betrachteten lächelnd den friedlichen Gänsemarsch.

Ausgerissen – eingefallen

Perlchen war das erste Mal brütig. Sie gluckte und gackelte auf der Suche nach einem Nest. Gerade noch ein kleines Küken, lief sie jetzt selbst herum wie Rosi vor einem Jahr. Doch uns schwante schon, daß wir uns bei Perlchen besser auf Überraschungen gefaßt machten.

An einem Mittwoch im März war sie verschwunden. Wir suchten in bewährter Weise das Grundstück ab. Nahm das denn nie ein Ende? Selbst die unwahrscheinlichsten Ecken wurden durchforstet. Alles wie gehabt – der ewige Kreislauf. Hatte sie sich auf einem Dach versteckt? In der Igelhöhle oder im Holzstapel? Oben am großen Felsen? Weit und breit kein Perlchen. Abends mußten wir schweren Herzens die Suche abbrechen, Perlchen war nicht nach Haus gekommen. Ich schlief unruhig. Am Donnerstag begannen wir sehr früh von vorn, wieder ohne Ergebnis.

Unser Cassís liegt in dem terrassierten Naturschutzgebiet fast an höchster Stelle, Nachbarn hatten wir mit einer Ausnahme nur unterhalb des Grundstücks. Die Wege von Haus zu Haus waren lang. Wandert man von der Tierebene immer weiter abwärts, kommt man zu Paco. Dieser Zugang war uns jetzt zu weit, also kletterte Burckhard über den Zaun. Wir blieben in Rufnähe, ich ging parallel zu ihm die obere Linie entlang, vorbei an den hohen Aleppokiefern, auf deren Ästen Perlchen gern mal ein Mittagsschläfchen hielt. Dort war sie ebensowenig wie in den kräftigen Olivenbäumen, die zwischen Paco und uns die Grenze markierten. Langsam wurde es Abend. Mir kam die Zeit endlos vor. Was, wenn Perlchen jetzt irgendwo verfangen war, wir sie spielend retten könnten, sie aber einfach nicht rechtzeitig fanden? Dieses Biest. Mitleid und Ärger wechselten sich ab. Es goß in Strömen. Pitschnaß würde sie da draußen inzwischen sein, so allein in der Dunkelheit. Und ängstlich. Und hungrig.

Der Regen würde ihren Durst löschen, aber sonst? Warum flog sie nicht zu ihrem Stall, statt sich herumzutreiben?

Andere rief der Berg, mich rief der Mann: «Komm runter, aber vorsichtig und leise», brüllte Burckhard in ohrenbetäubender Lautstärke. «Leise» konnte ich mir danach schenken und mich ganz auf «vorsichtig» konzentrieren. Und das war bitter nötig! Zuerst bewältigte ich den pikigen Zaun, danach die schmalen Felsvorsprünge und kleinen Dornenbüsche. Es goß.

Innerhalb weniger Sekunden war ich durchnäßt, feuchte Kälte kroch die Beine herauf. Mein Selbstmitleid verging sofort beim sich mir bietenden Anblick: Eine nicht unattraktive männliche Vogelscheuche hockte triefend an der ungeschützten Rückwand von Pacos Haus. Die glänzende Haarhaube war leck, es tropfte wie aus einer Leitung. Da es der Trenker Luis wohl nicht mehr sein konnte, tippte ich auf den Gatten. Folgte ich seinem Blick und dem wortlosen Zucken seines Kopfes nach rechts, sah ich ein winziges Vogelscheuchenpendant: Perlchen, reduziert auf Haut und Knochen. Verängstigt zitternd saß sie vor einem Busch und stieß beim Erkennen ihrer Ernährer ein paar krächzende Takte der üblichen Begrüßung aus. Trotz der Entfernung fühlte ich ihre Erschöpfung. Ich näherte mich langsam und versuchte, Perlchen zu locken oder – verschreckt, wie sie war – nach oben zu treiben. Fliegen war wegen des patschnassen Gefieders sicher ausgeschlossen. Doch mein Puschenhühnchen überquerte den Weg und flatterte direkt auf einen Abgrund von mindestens acht Metern Höhe zu, der auch noch mit Dorngebüsch bewachsen war. Was nun?

«Paß du hier auf, ich hole Werkzeug.» Mein Held kroch davon, Kälte und Regen spürten wir nicht mehr. Alles war eine wolkige, verschwommene Masse Natur mit den darin befindlichen Geschöpfen. Ein grauer Dunstraum, der uns umhüllte und merkwürdigerweise trotz aller Unannehmlichkeiten einen ganz speziellen heiteren Zauber verbreitete. Allerdings wohl kaum für Perlchen, deren Nestsuche hoffentlich glimpflich für uns alle enden würde.

Sie bewegte sich genauso wenig wie ich. Dafür hatte Burckhard trotz des Regens rote Wangen vom Auf- und Abstieg und dem Schleppen unseres riesigen Mandelnetzes. Darin sammelten sich normalerweise unsere abgeschlagenen Früchte bei der jährlichen Ernte im Oktober. Was sollte jetzt dort hinein? Perlchen? Burckhard hielt ein Seil und diverse andere Gegenstände in der Hand und begab sich in Richtung Dornen.

Ich folgte allen Anweisungen, breitete die eine Seite des giftgrünen Netzes über den Busch, während der Meinige die andere fest im Griff hielt. Danach ging's bergab. Mit Hilfe des Seiles hangelte Burckhard sich hinunter, wegen der scharfen Kanten und Stiche fürchterlich fluchend. Ein zum Tennisball geschrumpftes Perlchen saß erstarrt am Weg und beobachtete unbeeindruckt die ausschließlich ihr geltende artistische Einlage. Dicke Erdklumpen an meinen zukünftig unbrauchbaren Schuhen erschwerten jede Bewegung – doch das war alles nichts gegen die Leiden des jungen B., der inzwischen an unwegsamer Stelle gelandet war. Mit einer Hand hielt er sich, mit der anderen das Netz fest. Dazu trug er noch einen eispikkelähnlichen Gegenstand im Mund. Ich hatte die Nase gründlich voll und rief: «Komm wieder rauf. Perlchen soll sehen, wie sie nach Hause kommt. Du brichst dir hier noch den Hals, während die blöde Pute fröhlich trällert.» Er murmelte etwas, was wie ein entschiedenes Vielleicht klang. Zu spät, das Schlimmste war geschafft, da gab man nicht einfach auf!

Das Netz umhüllte die gesamte Fläche. Perlchen konnte sich nur noch in Richtung Mensch bewegen. Nach einer sehr, sehr langen Weile kletterte der huhngetriebene Messner und Lebensretter zu mir herauf, aussehend wie nach einem Tauchlehrgang, zerkratzt, blutend, aber mit einer Henne unterm Arm. Ich wollte dem nicht nachstehen und holte so todesmutig wie eifrig das Netz ein.

Perlchen konnte kaum die Augen offenhalten, blinzelte erbarmungswürdig und war völlig erschöpft. In dem Zustand würde sie sicher weder fressen noch trinken, vor allem mußte sie trocknen. Und jetzt folgt mein Patentrezept: Ich heizte meinen Backofen mild auf, nahm alle Bleche heraus und setzte Perlchen hinein. Nach etwa zwanzig Sekunden plusterte sie sich behaglich, schüttelte die Nässe aus ihren Federn und hockte sich gemütlich nieder. Hat ein Backofen als Heizung für lebendige Hennen nicht eine gute Funktion? Obwohl der Anblick durch das Sichtfenster schon reichlich makaber wirkt. Doch wer heilt, hat recht.

In der Zwischenzeit hatte ich ein Handtuch gewärmt, in das ich Perlchen einwickelte. Danach ging es zurück in den Stall, wo sie sich erst einmal den Bauch vollschlug. Würde ihr das nun eine Lehre sein? Jedenfalls war Perlchen am nächsten Tag bereits wieder ganz die alte, während Burckhard noch zwei Wochen aussah wie nach einem Tigergemetzel. Beide waren wir verschnupft, trotz Infrarot und heißer Bäder. Vielleicht hätten wir uns auch in den Backofen setzen sollen.

Immer öfter verließen einige Hühner ihr Gehege und flogen über die Koppel auf noch unerforschtes Gebiet. Je größer ein Gelände, je spannender die Anlage, desto interessanter fanden es die neugierigen Tiere. Unseren jedenfalls war es nie zu eintönig. Sie konnten klettern, erkunden, fliegen und fanden überall etwas zu picken. Dadurch wurde auch die gegenseitige Hackerei eingeschränkt.

Leider erkennen Hühner keine Grenzmarkierungen. Im Laufe der Zeit jedoch wußten sie ihr Zuhause zu schätzen und entfernten sich nicht mehr allzuweit. Mal ein kleiner Ausflug in Sichtweite über den Zaun zu Paco, zu dem ihr leises Piepen uns bald den Weg wies. Und kannten wir erst ihren Standort, ließen wir sie in Ruhe. Zum Fressen und Schlafen kamen sie immer wieder zurück.

Anfangs überlegten wir, ob wir den Hühnern die Flügel stutzen sollten, um die Sucherei zu beenden und auch die Glucken im Hof zu halten, aber dann folgte ein Erlebnis, das uns diesen Gedanken ein für allemal austrieb.

Es geschah an einem Montag. Ich ging mittags hinunter zur Tierebene und wunderte mich schon über die auffallende Stille. Merkwürdig. Man entwickelt einen Sensor für Geräusche, Stimmungen und Situationen. Ich wußte sofort: Etwas stimmte nicht. Als ich den Hof betrat und mir kein Huhn entgegenlief, ich auch beim Näherkommen nicht ein einziges sah, blieb mir fast das Herz stehen. In dem Moment bewegte sich etwas im hintersten Bereich des Gartens, ein riesiges, helles Tier, fast so groß wie ein Luchs. Luchse gab es nicht, aber wilde Bergkatzen. Hatte diese hier meine Zwerge gefressen? Ich schlich näher. Gerade wollte sie ziemlich langsam über den Zaun klettern, als ich sie erwischte. Wunderschön und selbst verängstigt. Überrascht, daß es so einfach war, nahm ich die mächtige, hellgefleckte Katze auf den Arm, prüfte das Gebiß, die Zunge. Nicht die Spur eines Huhnes oder einer Feder, nicht einmal Aggression. Statt dessen schien sie an Menschen gewöhnt.

Plötzlich war ich mir sicher, daß dieses Tier damals meine Küken geholt hatte. Und in diesem Moment hatte ich sogar so etwas wie Verständnis dafür. So war eben die Natur. Ich mußte wohl den freien Geschöpfen ein Deputat zahlen, es ihnen möglicherweise gönnen? Bei dem Gedanken war der Augenblick der Weisheit auch schon wieder vorüber.

Wo waren meine Hühner? Die große Katze schnurrte an meinem Hals, ich streichelte sie unsicher und fühlte mich miserabel. Plötzlich sträubte sich ihr Fell, Buckel und Fauchen signalisierten Gefahr, zwei böse Kratzer auf meinem Arm hinterlassend, verließ sie mich und das Gehege. Bereits Sekunden später war sie auf Pacos Grundstück verschwunden und nicht mehr zu sehen. Toya stand vor der Koppel, Grund genug zur Flucht. Hätte er nicht eher kommen können, um meine Hühner zu retten?

Am schlimmsten empfand ich die vollkommene Ruhe. Kein Vogel war zu hören, nicht ein Windhauch – Totenstille. Ich wagte nicht, mich zu rühren. Eine intuitive Reaktion. Und richtig: Nach einigen Minuten drang vertrautes Fiepen an mein Ohr. Weit über mir, hoch in den Ästen des alten Johannisbrotbaumes, sah ich zwei meiner Gepunkteten, im Olivenzweig ein weiteres. Schmetterlinge in meinem Bauch. Nach und nach tauchten alle wieder auf. Einige der Hennen waren über zwanzig Meter hoch geflogen. Mit wildem Kreischen, aufgeregt japsend, flatterten sie etappenweise zurück in ihren Garten. Erwin stolzierte wackelnd direkt ins Gebüsch, was auf Beschämung schließen ließ. Nur Braunchen fehlte noch. Sollte ausgerechnet mein kleines Lieblingshuhn der Katze zum Opfer gefallen sein? Gerade wollte ich draußen weitersuchen, da kam mir ganz gemächlich Braunchen entgegen. Ich rief es und nahm es auf die Hand, erleichtert, daß alles gut ausgegangen war. Was wäre wohl passiert, wenn unsere Hühner mit gestutzten Flügeln nicht geflohen wären? Konnte eine Katze, selbst eine so große, sie einfach fressen? Oder hätte sie ihnen nur angst gemacht? Tagelang wollte kein Tier mehr nach draußen. Der Schreck war zu groß gewesen, was ich auch daran merkte, daß in dieser Nacht alle schon früh auf ihre Stange flogen und ohne großes Geschubse sehr schnell einschliefen.

Endlich blieb etwas Zeit für mich. Es war ganz ruhig. Die Sonne stand direkt über dem Haus, ich hatte mich in den Liegestuhl gelegt und genoß das Nichtstun. Von überall her zwitscherte und tirilierte es. Unmengen Vögel, hin und wieder gackerte ein Huhn, blökte ein Schaf, bellte ein Hund. Klänge, die dazugehörten.

Eine Weile konzentrierte ich mich auf Fritzchen, den Gecko, von dem es bei uns Hunderte gab. Alle hießen Fritzchen. Auf seinem archaisch anmutenden Rücken funkelte es metallisch grün – auch Fritzchen wußte ein Sonnenbad zu schätzen.

Weit entfernt knallte jemand eine Autotür zu, und ich zuckte zusammen. Erschrocken schlängelte Fritzchen davon, verschwand unter einem Stein. So still war es, daß die üblichen Zivilisationsgeräusche wie unpassendes Rülpsen wirkten. Meine Augen blieben geschlossen, in meinem Kopf purzelte alles durcheinander.

Schon seit Tagen beobachteten wir das Geglucke von Kim. Nun war das Bruthaus besetzt. Gleich von zwei Hennen. Ganz hinten hatte sich Kim gemütlich eingerichtet, vorn, in souveräner Haltung, saß Greta. Kim gackelte und zeigte deutliches Gluckenverhalten, Greta nichts dergleichen. Wir vermuteten einen Akt der Kameradschaft. Wahrscheinlich wollte Greta erfahren, wie man sich so fühlt als Schwangere, aber sie schien die ruhige, ängstliche Kim auch zu beschützen. Ich betrat den Hof, Greta hob den Kopf und legte sich gleich auf meine unter ihren Bauch geschobene Hand. Wir spazierten schmusend durchs Gelände, von Kims aufgeregtem Schnalzen begleitet. Ich setzte sie wieder ab, und sie durchstreifte ruhig, mal vor-, mal rückwärts, ihr Land.

Gerade wurde Federchen wieder von Zarah am Fressen gehindert, die das schüchterne Tier grundlos unter einen Busch jagte, während sie selbst zu einer entfernten Stelle düste, um ein Sandbad zu nehmen. Ohne Eile ging Greta auf Zarah zu, hackte kurz und effektiv auf ihren Kopf, was diese zu einem kreischenden Rückzug in andere Regionen bewegte. Nun setzte sich Greta dicht neben das verängstigte Federchen, das kurz darauf mit gestärktem Rückgrat im Sandbad verschwand. Aufmerksam bewacht von Greta, die ihren Platz nicht zu verlassen brauchte, um Zarah in respektvoller Entfernung zu halten. Ob Otis diesen Erfolg feiern wollte? Er krähte genüßlich, laut und durchdringend. Ich war vom Anblick dieser schönen Tiere, die in stolzer Haltung durch ihr Revier spazierten, wieder einmal begeistert. Erwin stand in einem Sonnenstrahl, bronzen glänzte sein Gefieder, ein Kaleidoskop in Grün und Blau mit Unmengen der herrlichsten Zwischentöne. In solchen Momenten wagte ich keine Bewegung. Alfies Federn flammten silbrig auf, mit zierlichen Schritten kam er fragend näher, löste den Bann, widmete mir einen langen Blick aus seinen verdeckten Augen und stolzierte mit eleganter Drehung davon. Schade, daß ich weder Nudeln noch Käse dabeihatte, dafür wären sie mir alle bis ans Ende der Welt gefolgt.

Der späte Nachmittag kühlte die Luft ein wenig ab, die dunklen Schatten bekamen scharfe Konturen, an den hinteren Pinien konnte ich fast jede Nadel erkennen. Es roch klar und satt nach Natur. In unendlicher Ferne lagen Alltag, Wettkampf, Eitelkeiten. Nichts zählte, außer diesem Augenblick.

Erst, als Greta das Gefühl bekam, es stünde alles zum besten, watschelte sie zurück zum Bruthaus und setzte sich selbstlos vor Kim, die sich keinen Zentimeter bewegt hatte. Dort blieben beide viele Tage lang bis zur Abenddämmerung. Zwischendurch regelte Greta die «Hofbelange» nach Gutdünken, verließ dazu das Bruthaus, um sich nach der Zeit, die diese wichtige Aufgabe nun mal benötigte, wieder an ihren Platz vor Kim zu begeben. Die saß auf acht Eiern und bewegte sich nicht. Es wurde immer schwerer, beide abends in den Stall zu bringen. Kim heulte auf, wenn ich sie von ihren Eiern trennte, und lief im Haus hin und her, so daß ihre Unruhe und ihr Gackeln die ganze Herde belastete. Also wartete ich bis zum letzten Moment, in der Hoffnung, die anderen Hennen schon schlafend zu finden, bevor Kim und die solidarische Greta dazukamen.

Gegen acht Uhr abends, im milchigen Dämmerlicht, ging ich hinunter zum Hühnerhof. Still lag er vor mir, die Dachziegel rosa schimmernd. Alle Tiere waren bereits im Stall, schliefen aber noch nicht. Sie pickten Körner, tranken Wasser. Kein Gesang wie üblich, statt dessen unheilvolle Ruhe.

Um das Bruthaus herum gelber Flaum, überall, sonst nichts mehr. Kim war kampflos gestorben, meine geliebte Greta hatte sich mit all ihrer Kraft gewehrt. Als ich die Spuren ihres Todeskampfes sah, kamen mir die Tränen. Es mußte ein furchtbares Gemetzel gewesen sein. Bestimmt hatte sie gelitten. Ich weinte um Greta, die nicht einmal ein einziges Ei besessen hatte und Kim nur Gesellschaft leisten wollte. Ich weinte um Kim, die nun doch nicht Mutter geworden war. Gertrud und Gustav prusteten auf der anderen Seite des Grundstücks, sie hatten nichts mitbekommen.

Schon ein paar Stunden später hatten Maria und José, um mich besorgt, alle Spuren beseitigt: *«Eso es la vida.»* So ist das Leben.

Wieder einmal mußte ich an den kosmischen Kreislauf denken, und doch half mir der Gedanke daran nicht. Das Wildtier, dem ich anfangs noch ein Deputat zubilligte, war mir ganz und gar zuwider. Es tötete vertrauensvolle, wehrlose Wesen, die sich als Opfer anboten, weil sie ihre Brut nicht verließen.

Inzwischen wußte ich, daß es in den Bergen tatsächlich eine große, gestreifte Katzenart gab, einem Luchs sehr ähnlich. Dieses Tier wußte nun, wo es leichte Beute finden konnte, und würde immer wiederkommen. Da waren sich bei uns alle einig.

Herbert, unser Hamburger Hühnerzüchter, hatte seine Tiere in vergitterten Containern untergebracht, andere überdachten ihre

Gehege. Dazu war unser Hühnerhof zu groß und vor allem viel zu unterschiedlich in den Höhen. Außerdem kannten wir Beispiele für Attacken selbst durch dicke Stäbe hindurch. Gab es überhaupt einen wirkungsvollen Schutz?

Zuerst einmal ließen wir kein Gelege mehr zu und verzichteten lieber auf das Erlebnis der Kükenaufzucht. Schweren Herzens. Aber brütige Hennen und winzige Küken locken Wildtiere am meisten an.

Gluckige Hühner versuchte ich abzulenken, indem ich ihnen immer wieder neue Bereiche auf dem Grundstück anbot. Da gab es viel zu sehen, zu picken, zu erforschen, und wenn sie bei ihrer Rückkehr keine Eier mehr vorfanden, beruhigten sie sich meistens schnell wieder und vergaßen ihre mütterlichen Wünsche.

Mit Greta war einiges im Hof gestorben. Es fehlte ihre ordnende Art, an die auch die Hähne gewöhnt waren. Alles wurde stiller und freudloser. Jeder Gang zu den Hühnern machte mir den Verlust deutlich. Ich vermißte Greta fürchterlich. Es dauerte viele Wochen, bis ich zum ersten Mal wieder über Perlchen lachen konnte.

Ich mußte lernen, loszulassen und besser mit dem Tod unserer Tiere fertig zu werden. Aber wie? Jedes einzelne hatte ich aufgezogen, handzahm gemacht, gebadet, getragen, zum Tierarzt gebracht und versorgt. Wann immer es meine Zeit zuließ, fütterte ich sie, ging mit ihnen spazieren und sprach mit ihnen. Nichts davon fand ich sentimental. Kein Huhn war für mich wie das andere. Und nun sollte ich das Loslassen lernen? Ich versuchte, es zumindest im Kopf zu üben, indem ich mir sagte, kein weiterer Verlust eines Tieres könne mich schlimmer treffen als der von Greta. Aber das erwies sich nur teilweise als richtig.

Inzwischen weiß ich, niemals in meinem Leben war ich zufriedener als auf Cassís, aber auch nie trauriger. Glücksgefühle, die mich laut jauchzen ließen, die herausmußten, sich in Lachen,

Strahlen und Singen lösten – und Trauer, die mich in tiefe, düstere Löcher stürzte. Dieses herrliche Leben mit Tieren, die mich erheiterten, beschäftigten, rührten, wurde vom Tod begleitet. Alles Leben hatte den Tod zur Folge, aber hier nun ging er ständig neben uns, drohend und mahnend. Das erhöhte einerseits meinen Wunsch nach «bewußtem» Umgang, nach Genuß und Muße, stimmte mich aber auch wehmütig.

Viele Zuschauer schrieben mir unabhängig von Sendethemen. Einige kannten meine Tierliebe und erzählten mir von ihren Hausgenossen. Einem lustigen Vogel zum Beispiel gehörten mehrere Nandus, eine kleine Straußenart, von denen er mir einfach zwei Jungtiere schenken wollte. Ein verlockendes Angebot. Nachdem ich genau wußte, was für einen Lebensraum diese Rasse benötigt, mit welchen Empfindlichkeiten ich rechnen mußte, lehnte ich ab. Das fiel mir sehr schwer, denn in meinem Schmerz um Greta hätte ich eine tröstende Ablenkung brauchen können.

Die übriggebliebenen vier Seidenhennen litten ebenfalls, auf ihre Weise. Besonders Federchen. Das soziale System, zu dem Freundschaftsgesten wie feindliches Verhalten gehörten, war gestört. Greta hatte immer das Fressen «eröffnet». Sie begann und lud die anderen zu sich ein. Dabei erhielt Federchen den Platz neben ihr. Hackte Zarah sie, plusterte Greta sich auf und verwies das Sippenbiest damit sofort in ihre Schranken.

Nun wurde hysterisch, flatternd und bösartig gefressen, keine gönnte der anderen etwas. Das ging so weit, daß auch die Federfüßigen deutlich unsanfter miteinander umgingen. Ich bin sicher, alle vermißten die beiden, aber besonders Greta. Es dauerte eine ganze Weile, ehe der Verlust akzeptiert war. Dabei geriet Federchen nach und nach unter Alfies Fittiche, der sie beschützte und jetzt – ohne Greta – zu wachsen schien und mehr Führungsaufgaben übernahm.

Auch das hatte ich in den menschlichen Hierarchien schon ähnlich erlebt.

Zwischen Alfie und Gustav gab es manchmal Krach, weil der sanfte Hahn dem frechen Ganter zu dicht auf die Federn rückte oder ihm etwas wegfraß. Jedenfalls kam ich eines Tages dazu, als Gustav gerade mit langem Hals Alfie vor sich hertrieb. Irgendwie schienen seine schnalzenden Takte die Geschwindigkeit zu bestimmen. Er tat mir leid, sah aber so komisch aus, daß ich laut lachen mußte. Sofort quietschte Alfie empört auf. In dem Augenblick erschien der Hausherr, hockte sich nieder und breitete die Arme aus. Das Lachen blieb mir im Hals stecken. Der panisch fliehende Hahn lief direkt auf seinen Retter zu, bettete sich in den vertrauten Arm, der ihn so oft gehalten hatte, und preßte sich gurrend hinein. Beide kamen mir entgegen, ein inniges Bild. Alfie gab kleine Morselaute von sich, ein Zeichen, daß ihm die Panik zwar noch in den Knochen saß, er sich aber sicher fühlte. Egal, in welchem Zustand sich Alfie befinden mochte, sobald Burckhard ihn hochnahm, wurde er ruhig, schnurrte und gurrte wonnevoll. Auch zu mir war Alfie nie aggressiv – anders als Erwin Socke –, aber auch nie so zärtlich wie zu meinem Mann.

Die beiden zu sehen, war einfach wunderschön.

Gustav zeigte uns nun deutlich, wie lächerlich er den Hahn fand, indem er sich geringschätzig umdrehte, nachdem er zuvor ohnehin sein Tempo verlangsamt hatte. Das Ziel seiner Wut war geflohen, noch dazu peinlicherweise in den Arm eines Menschen – was wollte ein stolzer Ganter mehr? Also stürzte er sich kopfüber in den Teich, schnaufte und spritzte so stark, daß selbst sein Gänsemädel sich in pikierter Entfernung hielt.

Für Eseleien Feuer und Flamme

Goya weiß sicher nicht, daß seine Rasse über fünftausend Jahre alt ist, daß Menschen Esel in ihrer Ursprungsheimat Nordafrika zähmten und für sich nutzbar machten. Auch in Spanien gehörten sie früher zum Alltag, heute müssen sie ums Überleben kämpfen. Hat er sich je träumen lassen, daß er einmal vollgepackt wird, bis sein Rücken schmerzt? Mit Touristenware. Sein Halter bläst dabei dicht an seinem Ohr in eine schrille Pfeife, um die gleichgültig vorübergehenden Menschen auf sich und seine Souvenirs aufmerksam zu machen. Scheußliches Zeug. Goyas Augen sind fast ganz verbunden, nur ein schmaler Sehschlitz bleibt ihm. Wenigstens muß er den Mist nicht ansehen, hält den Kopf gesenkt. *Hoffentlich geht auch dieser Tag bald vorbei.*

Aus dem Auto registriere ich das alles, überrollt von Wellen des Mitleids.

Ich weiß, daß Esel keine Herdentiere sind, und lese noch am selben Abend alles nach, was ich über sie finden kann. In Freiheit leben kleine Stutengruppen ohne Hengste, streng nach Geschlechtern getrennt.

Vieles, was man mit einem Pferd üben kann, würde ein Esel sich nur beißend oder bis zur nächsten Fluchtmöglichkeit gefallen lassen. Auch seine Geduld kennt Grenzen.

In ferienseliger Kinderzeit «lieh» mir ein Bauer ein krankes Grautier, das ich damals Aladin mit zwei langen «aa» nannte. Mit Hilfe meiner Großmutter pflegte ich es gesund, ritt darauf und verstand Aalaadin oft ganz und gar nicht.

Nun wollte ich wenigstens als Erwachsene noch manches über Esel lernen und dieses eine mißbrauchte Tier von seinem Joch befreien. Immerhin ging es ihm besser als vielen Artgenossen, die zum Überfahren ausgesetzt oder in Mülldeponien angebunden wurden. Arbeit gab's keine mehr für sie, zusätzliche Fresser konnte man nicht gebrauchen, also weg damit. Ich fragte meinen Nachbarn Francisco, ob mein Esel zum größeren Auslauf auch auf sein Grundstück dürfe. Kein Problem. Und einen Namen hatte ich auch schon: Goya.

Nach langen, zähen Verhandlungen auf der Straße, dauernd bemüht, mit der stoisch dahintrottenden Kreatur Schritt zu halten – und für eine unverschämte Summe –, kaufte ich Goya dem Händler ab, nicht ohne dem Kerl so hart wie möglich zuzusetzen. Mit falschem Lächeln aus kalten Augen tat der zwar so, als würde ihn das beeindrucken, aber ich glaubte nicht daran. In Spanien gibt es das Sprichwort: «*Folge einer Ziege, und du wirst in die Tiefe stürzen, folge einem Esel, er wird dich in sein Dorf führen.*» Man hatte ihnen vertraut, sich auf sie verlassen, ehe man sie nun endgültig verließ und in die Schlachthäuser abschob, wo Hundefutter aus ihnen gemacht wurde. Vor gar nicht so langer Zeit gab es Millionen von Eseln in Spanien, erschreckend wenige Exemplare sind übriggeblieben. Spanische und deutsche Tierschützer kämpfen für sie.

Eines aber ist wohl das größte Mißverständnis zwischen Mensch und Esel: Was wir als störrisch bezeichnen, ist nach meiner heutigen Erfahrung ein angeborenes Verantwortungsgefühl, das ein Tier für sich selbst in Anspruch nimmt, wenn es sich nicht auf den Schutz einer Herde verläßt. Also etwas, das unseren Respekt und nicht unsere Kritik verdient.

Darum dauerte es viel länger als bei Frieda, bis Goya uns traute. Außerdem hatte Frieda vorher auch gute Erfahrungen mit Menschen gemacht, der arme Esel nicht.

Goya genoß es, frei herumzulaufen, zu springen und zu toben. Bewegungsfreudig bot er seine Hilfe an. Wir legten ihm bei der Gartenarbeit zwei Satteltaschen voller Unkraut über den breiten, zotteligen Rücken, mit denen er dann ungestüm nach vorn zum Tor trabte. Das gefiel ihm. Noch lieber zog er die Kutsche von Francisco, dessen Kinder er herumfuhr. Schon wenn er das Geschirr sah, scharrte er ungeduldig mit den Hufen. Ließ man ihn nicht heran, wurde er ausgesprochen böse und schrie mit diesen seltsamen Urlauten seinen ganzen Unmut heraus.

Mit der Zeit zeigte unser Esel Lust auf Zärtlichkeit, kam von sich aus zu mir und deponierte seinen Kopf mit bebenden Nüstern auf meiner Schulter. Goya wollte geliebt und beschäftigt werden. Hielten wir uns daran, hatten wir das liebste Tier der Welt, wenn nicht, konnte er uns mit seinem Gebrüll wahnsinnig machen. Nie verfehlte es seinen Zweck. Schon um den Krach zu beenden, erklärte sich immer einer bereit, mit Goya zu traben, zu kutschieren oder sonstwas zu unternehmen. Dank Francisco und seiner Großfamilie klappte das bestens. Auf einer der oberen Terrassen – auch Goya kletterte so gern wie Jolanda und Jupp – hatten wir einen offenen Stall gebaut, so daß unser Esel frei über sich bestimmen konnte. Im wolligen Fell gibt es kein Fett, es würde sich bei Regen voll Wasser saugen, und auch seine Hufe könnten faulen. Bei trokkener Unterbringung, viel Bewegung und Zuwendung sind Esel Balsam für die Seele. Ihr fröhliches Temperament, die freche Art ihrer verschmusten Zuneigung machen sie zu besonders angenehmen Hausgenossen.

Noch dazu war Goya richtig nützlich. Wie oft hatte er uns und Francisco mit Transporten geholfen, vom Vergnügen für die Kinder gar nicht zu reden. Ich habe viel über Goya und seinen Charakter erfahren. Absoluten Gehorsam verlangte bei uns sowieso niemand, aber bei liebevoller Ausbildung wäre selbst das möglich. Ein Esel muß eben überzeugt werden, aus dem wird nie ein schlichter Befehlsempfänger. Goya prüfte immer nach, ob eine Aufforderung auch akzeptabel war. Darum brauchte er eine Weile, bis er einen Wunsch umsetzte. Ich hatte es mir abgewöhnt, irgendwas im Befehlston zu sagen: Ich bat Goya freundlich. Und nach der entsprechenden Zeit, die er für die innere Frage nach Sinn oder Unsinn benötigte, folgte er meiner Bitte. Wenn er wollte.

Gelegentlich stupste er einen auffordernd an, zog grob am Kragen und ging sogar so weit, Freunden Handtücher wegzuschnappen. Den einen oder anderen biß er noch dazu halbherzig in den Allerwertesten, drehte sich um, als sei er es gewiß nicht gewesen, und naschte an den appetitlichen Büschen.

Andererseits hätte man auf ihm reiten können, aber ohne Sattel hielt das keiner lange aus – und Sättel liebte Goya nicht. Nur Franciscos Kinder hüpften auf den freien Rücken unseres Hengstes, vom freundlichen Vater zur Sanftheit ermahnt. Mit den Nachbarn hatten wir nach schwerem Start doch Glück. Sie waren oder wurden Tierfreunde. Wenn auch auf spezielle Weise, ihrem Naturell und der Mentalität entsprechend.

Zeigt sich nicht die ethische, aber auch intellektuelle Kultur einer Gesellschaft im Respekt vor der gesamten Kreatur? Ich fand es schrecklich, was Menschen einander und anderen Lebewesen antaten. Man mußte dagegen angehen. Mein Mann fütterte ausgemergelte Tiere im Dorf, um die sich niemand kümmerte, brachte ihnen Wasser an geschützte Plätze. Die Zeit dafür knapsten wir uns ab. Mochte ich den Tod noch ertragen, so löste Halbtotes entsetzliches Grauen in mir aus: Verletzte, wunde Tiere voller Schmerz, die das Ende lethargisch oder verzweifelt hinnahmen (nie vergesse ich die Augen), das Aufbäumen gegen das Leid – direkt oder im Fernsehen betrachtet –, da konnte man nur den schnellen Tod herbeiwünschen. Ersehnte Befreiung, Ende der Qual.

Es gab viele traurige Anlässe, etwas zu unternehmen. So sahen wir manchmal Hunde an kurzen Ketten ohne Trinknapf, in stechender Hitze. Mühsam fanden wir dann den «Halter» heraus, suchten ihn auf und baten ihn, sein Tier würdiger unterzubringen. Manchmal half es, manchmal informierten wir den Tierschutz. Doch es blieb wenig genug, was wir tun konnten. Die kleinen Hilfsgruppen schienen meist überfordert und hatten reichlich damit zu tun, ausgesetzte Hunde und Katzen aufzunehmen.

Im Gegensatz dazu kommen Verletzungen der Menschenwürde kaum vor. Auf Mallorca gibt es für den normalen Bürger wenig Anlaß zur Sorge um die eigene Sicherheit. Der Familiensinn ist stark ausgeprägt, mehrere Generationen unter einem Dach sind eher üblich als selten. Sogar Geschwister mit ihren Ehemännern leben oft noch mit im Haus der Eltern. Unser «heiliges Paar», Maria und José zum Beispiel, wohnte im Dorf in einem bäuerlichen Anwesen zusammen mit einer riesigen Familie. Marias Mutter war als Witwe darin genauso eingebunden wie Josés Eltern. Kam es mal zu Auseinandersetzungen, war immer einer vernünftig genug, schlichtend einzugreifen. Am Ehekrach beteiligten sich alle Mitglieder, für Aussprache und Rat stellte sich jeder zur Verfügung. Raushalten gehörte nach meinem Erleben nicht zum Stil spanischer Großfamilien. Bloß in der Zeitung las man gelegentlich etwas über Schlägereien, Vergewaltigung oder Mißhandlung. Doch selbst da waren es Ausnahmen. Starker Alkoholkonsum schied als Grund fast aus; man trinkt gern, aber in Maßen. Nie sah ich einen wirklich betrunkenen, torkelnden Spanier, während die geschätzten Touristen gerade damit einiges zum Bruttosozialprodukt der Insel beitragen.

Das Tier hingegen hat immer noch einen geringen Stellenwert in der spanischen Gesellschaft, wobei ich gerade in den letzten Jahren kleine Verbesserungen feststellen konnte. *Ein* Verdienst daran gebührt sicher deutschen Urlaubern. Viele engagieren sich in kleinen

Gruppen, laden Spanier dazu ein und sorgen so dafür, daß Initiativen auch nach ihrer Abreise in dörflichen Gemeinschaften erhalten bleiben. Sogar Tierheime werden von Deutschen geleitet.

Andererseits sind es Touristen, die die Probleme verstärken. Aus Barmherzigkeit werden Katzen üppig gefüttert. Zum Dank vermehren sie sich zweimal jährlich mit vier bis sieben Jungen. Leben sie wild mit dem Futter, das sie finden, werfen sie nur einmal pro Jahr zwei bis vier Katzenbabys. So hat auch das «gute Werk» oft zwei Seiten, und die hiesige Kastrationsaktion ihren Sinn. Jeder kann eine Katze zum Tierarzt bringen und sterilisieren lassen. Später wird sie wieder dort ausgesetzt, wo man sie mitgenommen hat. Auch das ist aktiver Tierschutz.

Manche Kinder von Freunden, die uns besuchten, staunten nicht schlecht über unser «ganzes Viehzeug». Einige hatten außer den üblichen Haustieren nie etwas anderes zu Gesicht bekommen. Ich fand das schade. Meine Kindheit war noch voller Geheimnisse. Heute scheint alles so enträtselt. Die Kleinen sind jetzt «kids» und suchen sich die eigenen Geschenke per Teleshopping aus. Ihre Kühe heißen Milka. Und ist es wirklich nur ein Witz, daß manche glauben, Kühe produzierten Schokolade?

In den tagsüber endlos laufenden «Fernseh-Talks» stammeln Fünfzehnjährige zum Thema «Piercing am Geschlechtsteil, ja oder nein», wenig Ältere fragen sich auf dem Nachbarkanal: «Soll man im Stehen pinkeln?» Und damit Senioren nicht völlig zu kurz kommen, klärt man sie über «Windeln bei Inkontinenz» auf. Nichts ist mehr privat, nichts mehr ein Geheimnis, außer der Steuererklärung und den Einkünften. Das Fernsehstudio als offener Beichtstuhl der Nation. Ich kenne niemanden, der nicht darüber klagt. Die hohe Einschaltquote? Ein weiteres Mysterium …

Wenn sich nach einigen Tagen die viereckigen Computerpupillen unserer jungen Gäste entspannten, das Lesen der Comic-Hefte doch zu öde wurde, konnten wir lautes und fröhliches Kinderlachen bis zur Terrasse hören. Abends erzählten sie uns dann begeistert Geschichten über Goya, Jolanda, Frieda und die anderen Tiere.

Eines Tages kam Francisco vorbei, um zu fragen, ob Goya eine längere Tour mit ihm und den Kindern machen dürfe. Sie wollten in die Berge, eine Nacht zelten, sich draußen etwas grillen, und Goya sollte die Ausrüstung tragen. Oh, das würde ihm gefallen! Kraxeln, gebraucht werden, und die sanften Kinder gelegentlich spazierenführen – das war ganz nach seinem Geschmack. Wie sollte ich etwas dagegen haben?

«Aber paß bloß beim Grillen auf, Francisco», ermahnte ich meinen Nachbarn und erinnerte ihn an die Feuergefahr, mit der wir hier im Sommer viel zu häufig konfrontiert wurden. Fast immer war Fahrlässigkeit der Grund dafür. Eine achtlos fortgeworfene Zigarette, das streng verbotene Abbrennen von Unkraut, ein Imbiß, ohne das letzte Quentchen Glut auszulöschen – und schon gab es in der strohtrockenen Natur eine Katastrophe. Dann ratterten die Wasserflugzeuge über uns hinweg auf dem Weg zu ihren Tank- und Löschmanövern. Wie oft sahen wir ganze Bergketten im Rauch verschwinden, Flammen leckten in den Nachthimmel, hinterm Horizont quollen dicke graue Schwaden, Funken glühten, Hitze breitete sich aus. Die Luftfeuerwehr arbeitete unermüdlich. Über den Kämmen dämmerte der Morgen heran, erschöpft hatten die Männer das Schlimmste verhütet. Im grellen Tageslicht dann trostloser Kahlschlag, Verwüstung, nirgendwo mehr ein Baum. Spärliche Reste lagen herum, Wurzeln ragten in die Luft, es stank, eine Schicht blaugrauer Asche bedeckte das meiste und würde hoffentlich wie Dünger wirken. Auch das war Mallorca.

Zweimal riefen wir sogar nachts als erste die Feuerwehr. Die Beklemmung war immer die gleiche: das Gefühl ohnmächtiger Bedrohung, der Verlust großer Landstriche, aus denen die Tiere fliehen mußten, die Gefahr der Ausbreitung, die Mühe und die Kosten, alles wieder aufzuforsten. Bis jetzt hatte niemand körperlichen Schaden erlitten. Bis jetzt ...

Oft konnte die Polizei den Tathergang rekonstruieren und sogar die Schuldigen anklagen. Besonders, seitdem die Regierung die Kräfte personell verstärkt und auch die Flotte vergrößert hatte. Doch Prävention war nach wie vor der beste Schutz. Darum begegneten Wanderer immer häufiger Patrouillen auf der Suche nach eventuellen Brandstiftern oder deren Spuren. Schäden ließen sich trotzdem nicht vermeiden, aber etwas besser wurde es schon – *paso a paso,* Schritt für Schritt.

Nun sollte sich auch Francisco daran halten, was er emphatisch versprach: «Das ist doch für einen *campesino* eine Selbstverständlichkeit.»

Von wegen. Gerade Bauern passierte so eine Achtlosigkeit nicht zum ersten Mal. Der letzte, den sie erwischten, war ein junger Landwirt, der mit seinem Mädchen im Wald knutschte, gedankenlos einen *Zigarillo* fortwarf und dadurch über zweitausend Hektar Land verwüstete.

Doch Francisco, seine Kinder und auch Goya würden schon aufpassen.

Während wir uns noch über seinen Ausflug unterhielten, klingelte es, und deutsche Bekannte standen vor uns, die wir erst für den nächsten Tag erwartet hatten. Eine Gruppe von fünf Personen schwappte über uns hinweg. Francisco und seine beiden Ältesten redeten gleichzeitig, kein Wort war mehr zu verstehen. Nun, das kannte ich aus der Talk-Show.

Sigurd erklärte, von den anderen häufig unterbrochen, warum sie schon heute statt wie geplant morgen eingetroffen seien, Francisco wollte letzte Absprachen mit mir treffen. Im Nu gab es einen heftigen Austausch zwischen den nun insgesamt anwesenden vier Kindern, denen zwar keine gemeinsame Sprache, aber die gemeinsame Sache bei der Verständigung half. Nämlich das Interesse an Goya. Der entzog sich, lautstark wiehernd, allen Aufmerksamkeiten mit einer drastischen Kehrtwendung. Ich rannte hinter ihm her, um ihn zu beruhigen, verfolgt von den vier hilfreichen Eselspezialisten.

Nach einigen Wirren verabschiedete sich Francisco, um mit seiner Familie und dem bereits genervten Goya letzte Vorbereitungen für den Ausflug zu treffen. Die Enttäuschung der beiden deutschen Kinder legte sich schnell, als sie die anderen Tiere erblickten. Oje, das würde für alle ein harter Tag werden. «Guck mal, Schäfchen!» Neugierig waren Henriette und Homer von ihrer erhöhten Ebene heruntergestiegen, um nach der Ursache des Lärms zu sehen. Dabei blökten sie, sich gegenseitig übertönend. Vorsichtig näherten sich Andreas und seine Schwester, nicht mehr ganz so mutig wie zuvor. Homer hielt den Kopf gesenkt und lud nicht gerade zum Streicheln ein. Aber die sanftere Henriette witterte ein Zubrot, streckte das schöne Haupt etwas vor, so daß Jasmin ihre Hand auf das Schaf zubewegte. Ein Geräusch knapp über uns ließ sie innehalten. Ich ahnte Ärger und sah im Baum – zwischen Stamm und Ast – seelenruhig Jolanda sitzen. Kein Jupp in Sicht. Nach dem ersten Schreck lachten alle. Eine Ziege im Baum ist komisch. Besonders, wenn sich auf dem Ast daneben zwei ganz unterschiedliche Katzen lümmeln. Chou-Chou zeigte bereits einen Buckel und gespannte Haltung, Castro blieb unbeeindruckt hingegossen liegen.

Die allgemeine Heiterkeit legte sich, als Jupp in vollem Galopp heranstürmte und in einem Abstand von etwa zwei Metern vor Andreas bremste. Der rührte sich nicht vom Fleck, so daß Jupp näher kam und hemmungslos sein Hemd anzuknabbern begann. In der Zwischenzeit hatte ich zuerst das hinterm Stall hervorlugende Schwein, dann Gertrud und Gustav weggebracht, die von lauten

Besuchern nie sonderlich begeistert waren, und so stieß ich erst wieder zu der Gruppe, als Andreas einem Piraten glich und der Rest seines zerfledderten Hemdes zwischen Jupps Zähnen hing. Offensichtlich hatte niemand einzugreifen gewagt. Unsere Ziegen knabbern voller Leidenschaft Stoff und perforieren innerhalb kürzester Zeit ganze Bahnen zu sehr individuellen Mustern.

Trotzdem hatten an diesem Tag alle ihren Spaß, der den Verlust eines Hemdes aufwog – bloß die Tiere nicht.

Die Hühner und Gänse waren nach der ungewohnten Invasion, dem Getrampel und Gekicher ganz durcheinander. Einige hatten sich in den Büschen versteckt, und andere, die Ranghöchsten, schauten wachsam umher und trippelten unruhig auf und ab. Gertrud saß weit hinten in ihrem blauen Haus, Gustav hatte einen Fuß auf die Treppe gestemmt, als wolle er Frau und Heim gegen Eindringlinge verteidigen, koste es, was es wolle. Auch er sah nervös und zornig aus, hatten die Kinder doch in ihrem Überschwang gelegentlich mit Stöcken im Zaungitter herumgebohrt und die Tiere damit gegen sich aufgebracht. Otis' Federflaum war kerzengerade aufgestellt, der Kragen fast nach außen gebogen, sein kleines Gesicht noch arroganter als sonst. Aufgeregt gab er wütende, abgehackte Geräusche von sich, unterstützt von Erwin, der – wie Gustav – den Eingang seines Stalles bewachte. Selbst Alfie zeterte, wenn auch aus sicherer Entfernung. Nachdem ich eine Weile Apfelscheiben und Nudelreste verteilt hatte, die mir alle gierig aus den Händen schnappten, kehrte langsam wieder Ruhe ein.

Dafür war ich jetzt völlig atemlos und erschöpft.

Immer dicht am Meer entlang

Die Fahrt über die kurvige, enge Küstenstraße war schwierig und überwältigend schön zugleich. Wellen brachen sich an jedem Felsen mit einer Wut, als wollten sie ihn zurechtrücken. Ein paar Wolken verhüllten die Sonne, jede größer als die vorige. Doch das konnte sich innerhalb von einer Stunde ändern, typisch für Mallorca. Ich kurbelte das Fenster hoch, es roch nach Regen, wir rauschten vorbei an den Möwen, die einen geschützten Platz suchten, ehe das Gewitter losbrach. Noch waren sie die einzigen Anzeichen dafür. Leise summte ich die Radiomusik mit. Burckhard konzentrierte sich auf die schmale Straße mit ihren Serpentinen, während ich den weiten Blick aufs Meer genoß.

Ein paar Kilometer später verschwand alles im Dunst, Tropfen prasselten auf Blech, es donnerte schwach. Meer und Horizont verschwammen ineinander, unsichtbar hinter einem grauen Spaghettivorhang. Unser Auto wurde zur angenehmen Schutzkugel. Man mußte jetzt noch stärker auf entgegenkommende Fahrzeuge achten. Die Sicht war minimal, der Scheibenwischer tat, was er konnte.

«Findest du nicht auch, Gatte, daß es die Natur hier oft toller treibt als Steven Spielberg?»

«Stimmt, aber wir sind dramaturgisch auch nicht schlecht, uns einen Supertag wie heute für unsere Tour auszusuchen.»

So heftig, wie er begann, endete der Regen. Plötzlich klarte es auf, ein paar Sonnenstrahlen trauten sich zwischen den Wolken hervor. Der Geruch nach Staub, Erde und Moos drang durch die Scheiben. Zikaden und Möwenschreie übertönten den Motor. Hinter jeder Kurve lag eine neue Überraschung. Die Farben des Wassers und des Himmels wechselten, mal bauschte sich üppiges Grün wie in einer Werbung für Irland, mal berührte man fast Felsenskulpturen wie in den Rocky Mountains. Auf der einen Seite der Straße stieg das Land an, hoch hinauf, gelegentlich warnte ein Schild «*PRIVADO*», dennoch war alles unbebaut. Naturschutzgebiet! Auf der anderen Seite fiel es steil ab, nur durch schmale Eisenplanken von uns getrennt. Fuhr man gerade wie durch ein einladendes Tor zwischen zwei imposanten Steinbrocken hindurch, öffnete sich unmittelbar danach der Blick in endlos scheinende Weite. Das Meer breitete sich wie ein gewellter Teppich zu unseren Füßen aus.

Wie in allen Touristengebieten war es auch auf Mallorca üblich, das gelegentlich launenhafte Wetter mit Besuchern zu verbinden, es wenigstens zu thematisieren: «Die ganze Woche so herrlich, und nun bringt ihr den Regen mit.» Oder: «Ist das nicht ein schöner Empfang bei all dem Sonnenschein?» Auch ein Vergleich mit deutschem Klima war sehr beliebt. «Zwar stürmt es heute, aber was ist das schon gegen die düstere Stimmung in Deutschland.» Fast nie legte ich den Hörer auf, ohne eine Frage nach dem Wetter zu beantworten. Selbst im Juli, wo sich so gut wie nichts am Himmel änderte, antwortete ich bereitwillig: «Doch, es ist warm und sommerlich hier ...»

Auf dem Weg nach Soller hatte die Kurverei ein Ende. Wir fuhren kurz in eine Seitenstraße. Hier gab es Ferienhäuser zur Miete oder Domizile von Rentnern, die sich für ein Leben im sonnigen Süden entschieden hatten. Manche wollten noch ein wenig arbeiten und vergrößerten das Heer der Ausländer mit dem Wunsch nach bequemen Einnahmen ohne allzu großen Einsatz. Die lernfähigen Mallorquiner hatten das gern übernommen, so daß qualitativ hochwertige Leistungen immer seltener wurden. Viele dilettierten einfach vor sich hin und ließen sich das von ratlosen Neusiedlern gut bezahlen. Sprachunkundige Ausländer begannen mit Putzen, avancierten zu Arbeitgebern mit «einheimischen Kolonnen», und plötzlich las man von ihnen ganzseitige Anzeigen: «Experten bieten Facharbeit». Ein Kreislauf. Andere «Neue» kamen, kannten sich nicht aus, suchten Hilfe, wandten sich an die Frischlinge des letzten Jahres, die nun die Spezialisten waren. Adern aus Klatsch und Tratsch, Neid und Mißgunst zogen sich durch die deutsche Kolonie, der Zusammenhalt der Goldgräberstimmung war vorüber, es ging jetzt ums Prestige. Millionär und Raumpflegerin auf *einer* gesellschaftlichen Ebene? *Sin problema*, Mallorca macht's möglich, das Karussell der Abhängigkeiten drehte sich immer schneller. Konnte ein Edelmann dem anderen sagen, wie man am besten was wo bekam? Gewiß nicht. Das übernahmen die «Allroundhandwerker», die vielen vom Urlaub übriggebliebenen Dienstleister. Man duzte sich und ließ sich zu den Aufsteigern herab. Rebellische Gedanken an einem trüben Tag ...

Nach dem Regen waren die Straßenkuhlen randvoll mit braunem Wasser. Schmutzige Partikelchen spritzten gegen die Scheiben. Wir hielten vor einem einfachen Reihenhaus mit einem kleinen Vorgarten, das ein deutscher Ruheständler bewohnte. Die geschlossenen Fensterläden und die Agaven in der trockenen Erde boten ein eher tristes Bild. Ob sein Häuschen in Aachen wohl ähnlich ausgesehen hatte? Drängend und monoton zirpten Zikaden. Wir gaben den Brief von Freunden ab, die ausgerechnet ihn zum Gärtner erwählt hatten. Ihr Garten sah nicht gut aus, seiner auch nicht. Doch auf Mallorca hält man sich noch mehr als anderswo an die Devise: «Jeder nach seiner Fasson.» Gern ganz bei sich und sich selbst genug, akzeptierten die Spanier andere, wie sie nun mal waren.

Wir bogen wieder auf die Straße ein, die parallel zum Meer verlief. Der Blick war herrlich. Wie Spielzeug in der Badewanne glitt ein Boot übers Wasser. Es mußte im *Port d'es Canonge* oder im *Port de Valldemossa* das Ende des Regens abgewartet haben. Aus dem dürren Felsboden rechts von mir streckten Palmen, wilde Kräuter und Pinien ihre grünen Arme aus. Frisch benetzt vom kurzen, heftigen Guß. Hier wuchsen Zistrosen, dornige Ginster und verschiedene Gräser ohne jede menschliche Unterstützung. Ihr herber Duft kam mir immer so gesund vor. Wie meistens atmete ich ihn auch jetzt ganz tief ein. Vielleicht nützte es ja was und verlieh mir Zauberkräfte.

Alles lag still unter dem aufklarenden Himmel. Sanftes Licht fiel auf die Terrassen der Weinberge, die dicke Frau dort tanzte und sang, während sie die oberen jungen Reben pflückte. Langsam fuhren wir vorbei, lauschend, schweigsam versunken in ihren Anblick.

Als wir bei Jordi ankamen, gingen wir über den Hof, in dessen Mitte ein etwas überdimensionierter, stark verschnörkelter Springbrunnen vor sich hin plätscherte. Der Boden aus Natursteinen glitzerte, in den Fugen hatten sich Pfützen gebildet.

Jordis Hund Kimba, ein großer, zottiger Mischling mit gelblichbraunem Fell, kläffte uns entgegen, ein kleines Mädchen wackelte hinter ihm her wie ein Gänseküken. Mehrere Kinder tollten im Hof herum, schrien vor Vergnügen. Soviel Freude in der Welt. Glücklicherweise auch das.

Fenster und Türen waren frisch gestrichen, der Garten gepflegt mit dem Maß leichter Verwilderung, die besonders viel Arbeit macht. Wie bei Frisuren. Man roch noch das Meer. Entfernt hörten wir jemanden singen, heiser und exotisch. Burckhard begutachtete die Tomaten, Melonen, besonders die Zucchini, und nickte etwas übertrieben fachmännisch. Ines lächelte ihn an und strahlte jenes gute Gefühl aus, das Arbeit in der Erde vermittelt. Ein Gefühl von Heimat. Ich schaute in der Küche nach Jordi. Im Ausguß stapelte sich ungespültes Geschirr, das wahrscheinlich vom Frühstück stammte. Alles andere war aufgeräumt. Wie machte sie das bloß? Sie sorgte für die Familie, vier Kinder, über zwanzig Tiere, Haus und Garten. Gut gelaunt und freundlich. Vor vielen Jahren war sie aus Chipiona gekommen, dem Sherry-Anbaugebiet. Früher hieß das Getränk *Jerez* wie die Stadt. Aber das konnten die englischen Hauptabnehmer nicht aussprechen, und so wurde Sherry daraus. Die immer noch zierliche, langhaarige Ines fand das urkomisch. Jordi kam aus Granada, seine Liebe zu Kunst und Kultur pflegte er auf Mallorca weiter, ebenso intensiv wie die zu seiner Familie. Gerade sprangen die Kinder am Vater hoch, umklammerten sein Knie und brüllten alle gleichzeitig auf ihn ein. Wie gewöhnlich behielt Jordi die Ruhe. Er war klein, schlank mit markanten, intelligenten Zügen – ein ernstes Gesicht. Dafür trug er Jeans und ein offenes Hemd mit fröhlichen Streifen. Gleich würde Papa – Betonung auf dem hinteren a – mit seiner Beschäftigungstherapie Erfolg haben. Wie immer.

«Hast du soviel pädagogisches Verständnis schon früher gehabt?»

«Von wegen. Nobody is perfect. Selbst meine Begabung hat gelegentlich gähnende Löcher.»

«Ach, wirklich?»

Unser selbstbewußter Freund kokettierte ganz gern.

Jordi holte einen *Parro*, die Flasche im Ziegenfell, aus der man sich – weit entfernt vom Mund – Rotwein hineinschüttet. Wenn man geschickt ist. Meine Versuche damit arteten in peinliche Duscherlebnisse und einige Spenden an die örtliche Kleidersammlung aus. Burckhard zerdrückte derweil ein paar Rosmarinzweige. Direkt vor unserer Küche hatte auch ich gleich zu Anfang Thymian, Lavendel, Salbei und Rosmarin gepflanzt. Kräuter gab's hier fast überall nur frisch. Sie rochen wunderbar, waren pflegeleicht und erfreuten das Auge.

Ines mußte für einige Wochen zurück aufs Festland, ihrer Mutter ging es nicht gut. Für zehn Tage wollten wir die beiden kleineren Kinder zu unserem Nachbarn Francisco bringen, einem engen Freund der Familie, bei dem wir einander kennengelernt hatten. Die älteren Geschwister blieben bei Jordi. Als wir uns verabschiedeten, hatte Ines etwas geweint, ihre Wangen waren noch feucht.

Wir schlängelten uns durch die Kurven, immer hinter Jordi her. Er fuhr zu Antonio, um sich dort einen besonders schönen Hahn zu kaufen, und wollte unser Urteil dazu hören. Mir war mulmig. Wie meistens, wenn ich auf Mallorca zu Unbekannten sollte, die Tiere hielten. Entweder gab es Ärger, oder mir wurde schlecht.

Auf dem Weg fuhren wir an der Küste entlang durch das alte Dorf, das inzwischen einige Künstler für sich entdeckt hatten. Eine Straße führte hinaus, eine hinein. Nur in der Hochsaison gab es darauf raren Verkehr. Die Bewohner waren stolz darauf, keine Fremden als Nachbarn zu haben. Hier wohnte, lebte und arbeitete man von einer Generation zur nächsten eng zusammen. Wer auswanderte, zum Beispiel nach Palma, galt als unstet und gierig. Keiner weinte solchen Verrätern eine Träne nach.

Die Läden waren geschlossen, Gardinen zugezogen, die Gassen wirkten leblos, bis auf ein paar Frauen in schwarzen Kleidern oder unruhig gemusterten Kitteln. Sie schlurften in pantoffelartigen Sandalen daher, zahnlos, mit gesenktem Blick, beide Hände voller Einkäufe. Ihr Stellenwert innerhalb der Familie stand in krassem Gegensatz zu diesem Eindruck. Meistens waren sie auf natürliche Weise selbstsicher und stolz. Bat ich sie um eine Auskunft, hoben sie den Kopf – manchmal musterten mich kluge, junge Augen im faltigen Gesicht – und zischten mir so feucht wie heiter in gurgelndem *mallorquín* ihre Botschaft entgegen. Auch wenn ich nichts verstand, sprachen wir stets eine Weile inhaltslos miteinander und schieden winkend als Freunde.

Mittlerweile war der Himmel ganz blau mit dünnen weißen Streifen, nur der Wind machte klar: Freut euch nicht zu früh, noch ist nicht wieder Sommer. Durch die schmalen Gassen konnten wir zwischen den Häusern über Felsen und bewachsene Hügel bis hinunter zum Meer schauen. Wunderschön.

Jordi hielt an einer Straßenkneipe. Leere Tische draußen, Krach von drinnen. Ein paar Arbeiter saßen da, die nach Knoblauch rochen und triefendes Brot aßen. *Pa-amb-oli*, früher Notration der Ärmsten, heute zu neuen Ehren gelangt: Brot mit Olivenöl, Salz und allerlei Zutaten wie Schinken, Käse, Wurst oder Tomaten. Auf dem Tisch lag eine geblümte Plastikdecke, das grelle Neonlicht hatte Fliegen angezogen, die jetzt platt am Glas klebten. Der Fernseher lief. Ein Mann im Overall hieb auf einen Spielautomaten ein. Er hatte schwarze Haare, so glatt und glänzend, daß sie seine kleine Welt reflektierten. Für ihn war das *oli* sicher nicht nur zum Essen da.

Draußen, ein paar Ecken weiter, erklang Radiomusik. Frauen hockten auf alten, geflochtenen Stühlen vor ihrer Haustür, eine Häkelarbeit im Schoß, mit dem Rücken zur Straße. Trotz der lauten Unterhaltung döste eine vor sich hin. Ein alter Mann, der mich an Gabriel erinnerte, ging langsam auf die Frauen zu. «Wie geht's?», schrie er sie an. – «So lala», brüllte eine zurück. Ein kleiner Mischling bellte gelangweilt.

Auch um die *bar* herum schlichen Hunde, die auf dem sienabraunen Lehm nach Eßbarem suchten, gelassen, ohne Gier. Die Treppenstufen zum Lokal waren verfärbt, kleine dunkle Löcher im Stein, das Schild zerschunden, auf bessere Zeiten hoffend. Eine korpulente, rosige Frau, die Wirtin, hob kaum den Blick. Hinter dem niedrigen Zaun gackerten ein paar Hennen, die sich zu Klumpen zusammenscharten wie die Erde, auf der sie lebten.

Ein gewohnter Anblick in Mallorcas Dörfern.

Antonio stand auf, die Serviette steckte im Hemd, er prokelte noch in den Zähnen. Wir gingen ein paar Schritte in Richtung Meer zu einem eingezäunten Grundstück. Zwei Ziegen, an den Hinterläufen zusammengebunden, vier Schafe und viele Hühner pickten einträchtig in der Erde. Ich mußte schon wegen der gefesselten Ziegen schlucken, als ich plötzlich ein rotfleckiges Bündel in der Ecke erblickte, das aussah wie ein Kadaver.

Eine tote Katze.

Antonio bückte sich, hob einen Hahn hoch. Seine großen Hände, die trotzdem verweichlicht und fett wirkten, streichelten stolz das goldene Federkleid seines Lieblingstieres, das ihm nun die dunkle Maske entgegenhob.

Ich deutete entsetzt in die Ecke. Sprachlos.

«Die rührt sich nicht mehr, der hab ich's gegeben», kommentierte Antonio den Mord an der Katze und nahm einen blutverklebten Knüppel in die Hand. «Die hat hier nichts zu suchen.»

«Aber sie hätte doch den gleich großen Hühnern gar nichts tun können, und den Ziegen und Schafen erst recht nicht», brachte ich mühsam hervor.

«Egal, hier kommt keine Katze rein.»

Mit seinem täuschend gemütlichen Blick wirkte Antonio gänzlich ungerührt. Ich wünschte mich weit fort.

Jordi berührte kameradschaftlich meine Schulter, auch er fand diesen Gewaltakt brutal. Und das war's dann. Ich knallte die Gattertür hinter mir zu. Burckhard folgte mir ins Auto, in dem die Kinder schon auf uns warteten. Vertieft in ihr Kartenspiel, hatten sie von allem nichts mitbekommen. Die Verabschiedung von Jordi fiel kurz und kühl aus; ihn interessierte im Augenblick nur der eben erworbene elegante Hahn. «*Adios amigos, hasta luego.*»

Während Burckhard noch mit den beiden Kindern plauderte, die sich so bewundernswert leicht vom Vater getrennt hatten wie er sich von ihnen, starrte ich, ohne etwas zu sehen, verstört aus dem Fenster und dachte an ein Buch von Axel Hacke, in dem sich zwei Tiere unterhalten. Fragt das eine:

«Glaubst du an die Wiedergeburt?»

«Schon, aber Hauptsache, nicht als Mensch», antwortet das andere.

Das Tageslicht schwand, die Rückfahrt verlief weniger romantisch, nur aufgelockert durch das unbefangene Plappern der Kinder. Ich fühlte mich deprimiert, fremd und einsam und hatte noch immer kein Bedürfnis zu reden.

Auf der rechten Seite tauchte das Meer im Dämmerlicht auf. Würde ich es auch hier eines Tages nicht mehr sehen können? Einige meiner Lieblingsecken waren bereits zugebaut, trotzdem merkte man, besonders auf Bootsfahrten, immer wieder, daß es noch eine wunderschöne, weite und freie Küstenlandschaft gab.

Im nächsten Dorf kannten wir eine Raststätte direkt am Wasser mit einem atemberaubenden Ausblick, selbst jetzt vor Einbruch der Dunkelheit. Burckhard lud die Kinder zum Imbiß ein, ich wollte lieber ein wenig laufen und meinen Kopf durchpusten. Nirgendwo sonst auf festem Boden gelang mir das so gut wie auf dieser Insel.

Ich folgte den Winkeln einer Gasse. Am Ende kam ich zu einem offenen Hof, in dem kein Licht brannte. Ein paar Schritte wagte ich mich hinein. Im Patio saßen eine Frau und ein Mann in mittleren Jahren vor einer Flasche Wein und hatten Kerzen angezündet. Mallorquinische Idylle. Sofort wollte ich umdrehen, mich zurückziehen, als die Männerstimme mich in klarem *castellano*, dem klassischen Spanisch, aufhielt.

«*Buenas noches*, kommen Sie nur, setzen Sie sich zu uns und trinken Sie ein Gläschen mit.»

Etwas verlegen folgte ich seiner Aufforderung. Die Frau biß in eine schwarze Olive, während sie mir gleichzeitig die Schale hinhielt. Dabei nickte sie auffordernd und legte geräuschvoll lutschend ihren Kern zur Seite. Der Mann hatte bereits ein drittes Glas geholt und vollgeschenkt.

«Sprechen Sie *castellano*?»

«Ja, doch, schon», stotterte ich und ärgerte mich über meine eigene Befangenheit.

«Wir kommen vom Festland, haben gerade dieses alte Haus gekauft und feiern ein bißchen, Sie sind herzlich willkommen ...»

Ich bedankte mich und erwähnte kurz mein häßliches Erlebnis. Beide trösteten mich mit ihrer Hoffnung, daß sich der Umgang zwischen allen Lebewesen sicher auch hier bald verbessern würde, «so eine bezaubernde Insel mit soviel Natur, da *muß* einfach jeder den anderen respektieren. Bis dahin sollten eben Gesetze helfen, wenn die da oben endlich vernünftig geworden sind.»

Darauf hoben wir unsere Gläser, und beide erzählten ein wenig von sich.

Er war ein Mann von Welt, nicht einer mit weltmännischer, präpotenter Attitüde, von denen ich genug kannte. Einer mit Erkenntnissen, mit Wissen. Trotz verlorener Illusionen offen für Neues. Voller Selbstverständlichkeit auch sie, mit weichem Mund und Augen, die viel gesehen hatten und immer noch genau hinschauten. Fast ausgestorbene Spezies.

Nach der Unterhaltung, in der ich immer entspannter wurde, bedankte ich mich für die unerwartete Gastfreundschaft.

«Komm bald wieder, wir würden uns freuen.»

Ich nahm mir das fest vor.

Als ich zum Auto zurückkam, schliefen die Kinder auf dem Rücksitz, Burckhard lehnte grimmig an der Fahrerseite, sah mich nur flüchtig an und hielt mir höflich die Wagentür auf. Immer noch keine Konversation, das Nichtgesagte, das «Es-ist-nichts», hing bedrückend über uns, anstrengender als eine Aussprache. Ich schaute hinüber zu ihm, meinem Mann, er schwieg, aber sein Arm lag um meine Schultern.

Kurz vor Franciscos Hof machte der Weg eine Biegung, und die ganze beleuchtete Landschaft wurde sichtbar. Neben uns ragten schwarze Stämme wie drohende Finger in den Abendhimmel, das stumpfe Grau veränderte sich im Licht unserer Scheinwerfer.

Mein Kopf war leichter, das Blut flüssiger, obwohl die Wirkung des Weines nachließ. Ich hatte wieder Appetit.

Auf der linken Seite tauchte das Eisentor auf. Wir öffneten es und fuhren die Auffahrt hoch zum Haus. Margarita und Francisco liefen uns entgegen, schnell nahm jeder ein Kind auf den Arm, kurzes Küßchen auf meine Wange, ein Gruß zu Burckhard – wir waren entlassen.

Jetzt, nicht mehr weit von Cassís, fand ich die Autofahrt beschwerlich. Die alte Karre machte mich persönlich mit jedem Schlagloch bekannt.

Direkt vor uns strahlten «unsere» Lichter. Die Terrasse sah traumhaft aus. Und einladend. Das letzte Glas tranken wir dort gemeinsam, redeten endlich über diesen merkwürdigen Tag, knabberten Salzgebäck und wurden schnell müde.

Drei Tage später fuhr eine Bekannte fast die gleiche Strecke. Mit einer Rose als lebendige Dekoration an einer dicken Tonamphore dankte sie in meinem Namen dem ungewöhnlichen Paar für den so liebevollen, aufmunternden Empfang und wünschte Glück zum Einzug. Heute sind wir enge Freunde.

Jede Gelegenheit, nach Palma zu fahren, war uns willkommen. Auch Bekannte, die ganz woanders ihre Häuser hatten, kamen gern in die Hauptstadt. Wir nannten sie den Nabel, den Treffpunkt in der Mitte der Insel. Wann besuchten wir einander schon zu Hause …

Es machte Spaß, in Palma durch Läden zu bummeln, auf Umwegen aus echten oder erfundenen Gründen. In den Galerien zu stöbern mit ihren dauernden Vernissagen, die in der besonderen Atmosphäre der südlichen Inselmetropole willkommene Anlässe boten. Bei einigen standen wir auf der Einladungsliste und konnten uns so die interessantesten Ereignisse aussuchen. Inzwischen trafen wir auch ohne Verabredung Bekannte: «Das ist ja eine Überraschung. Was macht ihr denn hier?»

«Dasselbe wie ihr. Palma schnuppern und ein bißchen was erledigen.»

Ein Café war schnell gefunden, der Cappuccino gleich bestellt, und schon begann das Gespräch. Meistens stellten wir erst nach zwei Stunden fest, daß es nun aber höchste Zeit für Einkäufe wurde, auch wenn die Geschäfte bis acht oder noch länger geöffnet blieben. Man mußte ja an die Rückfahrt denken.

Immer wieder sonntags kann ich Palma fast allein für mich haben, am Tag der Ruhe. Mich erwartet dann eine Geisterstadt, menschenleer, bis auf ein paar Kneipen, die Einsame gnädig aufnehmen. Problemlos parkt man sein Auto, durchstreift verwinkelte Labyrinthe, redet mit einem fremden Gegenüber, pustet den Kaffee kalt und trinkt in feiertäglich langsamen Schlucken. Will man in eine der einladenden Kathedralen, stellt man oft enttäuscht fest, daß auch hier die Kirchen verschlossen sind.

Mir gefiel Palma am Sonntag, wenn ich ein bestimmtes Geschäft, eine Straße finden wollte, wenn ich neue Plätze suchte, die ich zwischen den üblichen Berufstätigen, Touristen und anderen Palma-Besuchern immer übersehen hätte. So entdeckte ich in einer dunklen Seitenstraße ein kurioses Geschäft für Karnevals- und Silvesterartikel, ich stöberte einen Graveur ebenso auf wie eine typisch mallorquinische Tapa-Bar, in der die dralle, witzige Chefin neben den kleinen Tischen ein winziges Podium aufbauen ließ, damit ihre

Tochter dort die *Sevillana* tanzen konnte. Und ich wußte endlich, wo ich ohne Strafmandat parken konnte.

Ockergelbe Fassaden, Balkone als Meisterstücke feinster Schlosserarbeit, Stadtpaläste. In einem Innenhof ein Brunnen aus dem 14. Jahrhundert, von draußen konnte man im Raum dahinter aufwendige Deckenmalerei bewundern. Mittendrin verwahrloste Viertel, ausgeblutete Häuser, wie von Lepra befallener Putz. Wohnte dort noch jemand? Auch Palma, einer der schönsten Städte Europas, blieben Narben nicht erspart.

Drum herum fruchtbare Ebenen, grüne Gärten, *huertas* nur Minuten vom lebhaften Treiben entfernt. Der Hafen als Entree zum Kern, einer der wenigen in der Welt, der von der Palmenpromenade, *Paseo Maritimo*, fast so schön aussieht wie von der Meeresseite. Mit Blick auf den Sandsteindom *La Seo*, der über allem thront. Auch Königs haben ihren Palast nahebei.

Auf dem Weg hinunter zum Meer fahre ich an der Kaserne vorbei. Heimlich klopfe ich meine rechte Faust gegen die linke Brust und murmele *«todo por mi patria»*, ein Versprechen, das über dem Tor steht. *Alles für mein Vaterland* – meinen es die jungen Soldaten ernst damit, die direkt darunter so stramm salutieren?

Wenn ich an «unsere» sympathische Königsfamilie denke, kann ich mir das sogar vorstellen.

Hausmusik und Trampeltiere

Braunchen hatte den holprigen Weg vom Hühnerstall zum Haupthaus zurückgelegt und war auf die Fensterbank geflogen. Dort saß sie nun und klopfte mit dem Schnabel ans Glas. Der Rest der feuchten, schlierigen Spuren stammte von den Hunden und Frieda. Überall Transparenzverlust, es war wieder Putzen fällig. Neugierig lugte Shubu zu Braunchen hinüber, um ja nichts zu versäumen. Beide bekamen von mir etwas Brot, und schon setzte Braunchen zu ihrem langen Rückflug an. Ich sah, wie ein Streifen Sonne am Sims vorbei staubig über die Lehne kroch, streichelte Shubus Kopf und war zufrieden. Freud konnte nicht recht haben mit seiner These, im Bauplan der menschlichen Seele sei Glück nicht vorgesehen. Sicher nicht täglich und ununterbrochen, aber ist die Fähigkeit, Glück zu empfinden, nicht auch eine Sache der Begabung? Ich kannte Menschen, die hatten einfach kein Talent dazu. Sie warteten auf das Glück und bemerkten es nicht einmal, wenn es sie überschüttete.

Wir bildeten uns ein, unsere Tiere hätten eine besondere Beziehung zur Musik. Vielleicht, weil wir selbst viel musizierten, vielleicht, weil unsere Lockrufe Musik in ihren Ohren waren, vielleicht auch, weil sie es besonders gut bei uns hatten. Möglicherweise waren sie aber einfach nur genial.

Shubu zum Beispiel rannte nicht, sondern tänzelte. Und wenn sie wedelte, setzte sich diese Bewegung durch ihren ganzen Körper fort, wie bei einem Gliedertier aus Holz. Unsere Hündin war eindeutig musikalisch. Sie konnte von Anfang an alle Töne einordnen und darauf reagieren. War meine Stimmung eher gedrückt, berührte sie leicht meinen Arm, als wolle sie mich trösten. Sang ich, hüpfte sie um mich herum und wollte sich fröhlich beteiligen, woran auch immer. Dabei gelang es ihr sogar, mein leichtes Trällern vom «ernsthaften» Gesang zu unterscheiden. Womit ich bei unserer Hausmusik wäre.

Ein Leben lang hat mich die Musik begleitet. Als kleines Mädchen prägte mich die Liebe zum Ballett, als Teenager sang ich in einer Band, komponierte selbst und bewunderte Opernaufführungen. In unserer Familie waren alle musikalisch. Meine Mutter spielte Klavier, es wurde immer viel gesungen. Und um die Heiterkeit diverser Feste zu steigern, stimmten wir ab und zu so manchen Kanon an. Volkslieder, Schlager, Elvis – wir setzten einfach alles ein. Nicht ohne komödiantisches Talent.

Natürlich mußte irgendwann eines meiner Geburtstagsgeschenke ein Akkordeon sein, auf dem ich mehr schlecht als recht herumklimperte. Zum Leidwesen meiner Angehörigen gehörte dieses Instrument nicht zu meinen symphonischen Ausdrucksmitteln.

Burckhard hatte eine ähnliche Vorgeschichte. Er spielte Gitarre, später sangen wir zweistimmig und nahmen Musikbänder auf, teilweise mit eigenen Kompositionen. Bei uns wurde also nicht nur Musik gehört, sondern auch Musik gemacht.

Die verschiedenen Tiere gingen damit ganz unterschiedlich um.

Sobald Burckhard zur Gitarre griff und es sich auf seinem Lieblingssofa im Wohnzimmer bequem machte, legte sich Toya zu seinen Füßen nieder, den Kopf aufmerksam erhoben. Schon beim ersten Ton sang er mit. Dazu streckte er seinen Hals, warf den Kopf in den Nacken, schnaufte und jaulte in hohen Tönen, ohne daß es völlig disharmonisch klang. Eher nach Wolf. Wir gewöhnten uns daran und ließen uns vom Begleitinstrument aus Toyas Kehle nicht stören. Im Gegenteil. Gesellte er sich nicht dazu, so fehlte uns etwas. Nur bei Tonbandaufnahmen wurde der Hund verbannt.

Shubu wiederum witterte bei Hauskonzerten eine Gelegenheit, unbeachtet ein Plätzchen auf der begehrten Couch zu erhaschen. Rhythmus war ihr in diesem Fall egal; sie untermalte die Musik durch ihr zufriedenes Schnarchen. Für Shubu war jedes Instrument gleichbedeutend mit einer Einladung zum gemütlichen Schlummerchen.

Dabei sorgte sie dafür, möglichst unauffällig zu bleiben. Wenn sie sich auf dem Sofa zusammenrollte, wurde das von Chou-Chou als Aufforderung verstanden. Unsere katzige Schönheit hatte ebenfalls Erfahrung mit der Sangeslust im Hause, die nebenbei ungewohnte Freiheiten bot. Der Platz am samtweichen Bauch der Hündin gehörte ihr.

Wurde Kaffee angeboten, trat Castro auf den Plan. Ein winziges Schlückchen verwandelte ihn in einen Brummkreisel, der zwei- bis dreimal um sich selbst rotierte und umfiel wie ein Plastikkater. Im alten Äypten waren Katzen Mittelpunkt eines Kultes, der mit den Pharaonen untergegangen sein soll. Was Castro anscheinend entgangen war. Wenn er sich wieder aufrappelte, sah er mit verengten Pupillen listig um sich, strich an meinen Füßen entlang und schlich sich in den Gitarrenkasten. Dort blieb er liegen, bis ihm das Naturorchester draußen besser gefiel.

Als Gesamtbild ergab sich die folgende Szene:

Wir sangen und begleiteten uns auf der Gitarre, heulend von Toya unterstützt. Shubu und Chou-Chou schnarchten rhythmisch, fest ineinander verschlungen. Leise pfiff Castro aus der Instrumentenschachtel. Ein Szenario trauter Eintracht, das eine neue Harmonielehre erforderte.

Oft fanden solche Sessions auch im Freien statt. Herrlich, unter einem blauen, leicht dämmrigen Himmel zu musizieren. Irgendwie wirkt der Klang dann noch reiner, noch voller. Nur die herumstrolchende Frieda empfand das anders. Sobald sie die ersten Töne vernahm, ging sie grunzend in Deckung, Ausdruck tiefer Mißbilligung. Frieda liebte Bruce Springsteen, vorzugsweise «Fever». Drang das an ihr Ohr, hüpfte sie fröhlich auf und nieder, um sich dann seufzend hinzulegen. Auf hausgemachte Klangerlebnisse konnte sie gut und gern verzichten. Komisch, daß die kapriziöse Sau sich nie weit genug entfernte, um gänzlich ungestört zu sein. Nach und nach kam uns ihr Verhalten doch sehr kokett vor: Sie blieb stets in Hörweite, und in jeder Musikpause ertönte ihr Schmatzen als Schlagzeugersatz.

Goya hielt sich ebenfalls in seinem Bereich auf, ohne sich durch unseren Gesang angelockt zu fühlen. Trotzdem leistete auch er seinen Beitrag. Wer glaubt, das «Iah» eines Esels sei immer gleich, irrt. Der Klang war sehr unterschiedlich, je nach Goyas Grundstimmung. Unsere Musik hatte eine eindeutig positive Wirkung auf seine Laune. Er wieherte heiter und doppelt so oft dazwischen wie sonst.

Wir nannten es die «Bremer-Stadtmusikanten-Gefühle»: Unsere Tiere hatten sich – mehr oder weniger distanziert – um uns geschart, jedes auf seine Weise am Konzert beteiligt. Vor uns das forsche Krähen der Hähne, das Schnattern der Gänse, über uns das übliche Stereomeckern von Henriette, Homer, Jolanda und Jupp, und selbst der Streuner Castro miaute von Zeit zu Zeit aus irgendeinem Gebüsch. Geriet dann so ein typischer Ton mitten in ein Intervall, konnten wir oft vor Lachen nicht weitersingen.

Einfach galaktisch!

In unserem Freundeskreis gab es Musiker, die früher professionell in Bands gespielt hatten. Andere musizierten aus Leidenschaft. Der Rest genoß das Zuhören. Also suchten und fanden wir oft Gelegenheit zu fröhlichen Jam-Sessions unterm Himmelszelt, zu Feten mit und ohne Motto.

Diese Stunden gehörten zu den schönsten auf Cassís. Der hektische Fernsehalltag war dann nur noch ein Hauch aus einer anderen Welt. Wie sehr genoß ich nach harten Arbeitstagen die Stille, die Nähe zur Natur, aber auch die besondere Heiterkeit südlicher *Fiestas*! Doch war es nicht gerade der Kontrast zwischen diesen beiden Polen, der den speziellen Reiz für mich ausmachte? Ich wußte es nicht und dachte selten darüber nach. Aber Fremde, mit denen ich ins Gespräch kam, fragten mich das oft. Die meisten meinten: «Sie brauchen bestimmt beides, sonst wären Sie nicht so glücklich.» Vielleicht hatten sie ja recht.

Das einsam gelegene Stück Land, Cassís, mit dem meist ruhigen, bäuerlichen Leben, und dann plötzlich – nach dem Fingerschnipsen eines Fluges – das Kontrastprogramm in Deutschland: Enge, Verkehr, Lärm, Hektik. Von Klima, Mentalität und Nörgelei ganz zu schweigen. Doch, doch, ich schätze meine Heimat sehr, aber manchmal fiel mir dort buchstäblich die Decke auf den Kopf. Stand mein Taxi mal wieder eingequetscht zwischen Lastwagen und telefonierenden Autofahrern, die bei Ampelgrün alle gleichzeitig die Motoren aufheulen ließen, überkam mich gelegentliche Klaustrophobie. Auf mein gemurmeltes «Mann, ist das voll hier, und alle in Eile» zuckte der Fahrer die Achseln. «Kennen Sie das anders? Im Moment geht's doch sogar noch.»

Ich, die Vielfliegerin und Weltreisende, war in Wirklichkeit ein Landei. Aber ich kannte auch die Kehrseite nur zu gut. Wenn die Aussicht, die meiner Seele guttun sollte, verschwamm, wenn die vielen Eindrücke bedrückten, nichts schmeckte. Wenn die Sonne zu grell schien, wenn das ständige Sprechen einer anderen Sprache nur noch anstrengte. Wenn ich *zu Hause* an der Ecke mein Eis essen wollte, meine beste Freundin neben mir: Heimweh!

Meistens kam dann Besuch.

Elke und ihre Tochter meldeten sich an. Es sollte nur eine Stippvisite sein. Diesmal mußte ich mir die Zeit dafür abkneifen. Momentan war ich in guten Phasen maximal vierzehn Tage pro Monat auf Cassís, und bald war das Jahr vorüber.

Nun wollte Elke ihrer Tochter Sarah vor allem unseren «Tierpark» zeigen. Goya präsentierte sich gleich zur Begrüßung von seiner besten Seite. Das Eselchen rupfte einen Hibiskus aus, schüttelte den Erdklumpen herum, zerkaute den Stengel und spuckte ihn wieder von sich. Sarah lachte und freute sich, auch über meinen Ärger, wieder einen Hibiskus weniger zu haben. Doch Goya beherrschte noch eine Showeinlage, die selbst mich erstaunte. Schon vor einiger Zeit war er dazu übergegangen, ihm suspekte Wildblumen, von denen ein ganzes Feld übersät war, aus der Erde zu ziehen und sie Besuchern zu überreichen. Dabei steigerte er von Mal zu Mal seine Fähigkeiten, als ihm klar wurde, wie viele Streicheleinheiten er dadurch einheimsen konnte. Hin und wieder übte er sein Programm sogar an uns.

Bei Elke und Sarah witterte Goya Morgenluft. Er würde ein schönes Kunststückchen zeigen, dafür die volle Aufmerksamkeit und viel Zuneigung erhalten, möglicherweise gar einige Häppchen außer der Reihe.

Hoppelnd lief er übers Feld, beugte sich hinunter, um die Lavendelstengel ins Maul zu bekommen, wandte sich damit direkt an Sarah und übergab sie ihr mit einer angedeuteten Verbeugung. Nur letzteres hatten wir ihm beigebracht, als er einmal von sich aus in die Knie ging. Sofort wurde der Esel gelobt, bekam einen Apfel, und schon nach wenigen Malen hatte er die Zusammenhänge von Kniefall und Belohnung begriffen. Alles andere entsprang seiner eigenen Phantasie und Schläue. Goya konnte sich wie unsere Hunde auf den Rücken legen, die Beine in die Luft gereckt, um sich am Bauch kraulen zu lassen. Weil ein Tier das andere inspirierte, kam es vor, daß die beiden Doggen sich rücklings hinwarfen, neben ihnen das Schwein lag und auch Goya sich vergnügt anschloß. Aber Blumen überreichte nur der Esel. Nach eigenem Gutdünken, einer Bitte folgte er nicht.

Sarah applaudierte begeistert, durfte später auch noch auf Goya reiten, so daß die anderen Tiere es schwer hatten, sich gegen diese Konkurrenz zu behaupten.

Die tierischen Spiele nutzte ich für mein Tagespensum, zur Absprache mit Maria und allerlei Notwendigkeiten. Wenn sich die Gäste selbst beschäftigten, waren sie mir jederzeit hoch willkommen. Hauptsache, ich mußte in zeitknappen Phasen nicht als Animateurin herhalten.

Unterdessen durchstreiften Mutter und Tochter das Gelände, schauten in alle Ställe und hatten hinterher einiges zu erzählen. Der Tisch auf der Terrasse war bereits gedeckt. Es gab herrlich frischen Erdbeerkuchen, der im Wettstreit mit dem herben Kaffeearoma bis in die letzten Ecken duftete. Obwohl es schon später herbstlicher Nachmittag war, flirrte die Hitze unter hellblauem Himmel. Keine erfrischende Brise heute, nur der große Sonnenschirm spendete barmherzigen Schatten.

«Die Jolanda und der Jupp sind ganz schreckliche Tiere, ich gehe nie wieder dorthin», beklagte sich Sarah.

«Was ist denn passiert?»

Sarah war vorweggelaufen, so daß Elke sie für einen Moment aus den Augen verlor. Die neugierige kleine Ziege Jolanda nahm das Kind als erste wahr und machte sich auf zur Begrüßung, gefolgt von Jupp, dem Bock. Beide kletterten abwärts, bis sie vor Sarah standen, die ganz entzückt reagierte. Gerade hatte man sich ein wenig angefreundet, als Elke «Sarah» rufend angerannt kam. Aber da hatte sie die Rechnung ohne die Ziegen gemacht, deren Beschützerinstinkt stark ausgeprägt war. Besonders Jolanda fühlte sich gern verantwortlich – was meist nicht ohne Folgen blieb. Nun konstatierte sie eindeutig: Gefahr für Sarah!

Ihrer inneren Stimme gehorchend, rannte Jolanda mit gesenktem Haupt auf Elke zu, die ebenfalls sofort einer Eingebung folgte: Flucht! Zwei gefährliche Wesen kamen ihr wie Stiere entgegen, noch dazu mit messerscharfen Hörnern – doch wohin? In Bruchteilen von Sekunden nahm Elke aus den Augenwinkeln einen gewundenen und damit erklimmbaren Olivenbaum wahr, auf den sie kletterte. Mühelos hätten ihr die Ziegen nacheilen können, aber sie begnügten sich mit ihrem Triumph und blieben – locker am Stamm kratzend – unter ihr stehen. Jetzt erst stellten sich bei Elke leichte Schamgefühle ein, zumal sie Jupps Hörner aus ihrer zwar geringen, doch sicheren Entfernung als nicht mehr ganz so scharf einstufte: *Da springe ich erwachsene Frau doch tatsächlich auf einen Baum vor zwei so blöden Viechern und sitze jetzt hier fest.*

Elke traute dem Frieden nicht, denn immerhin standen beide Tiere noch auf den Hinterläufen, die Vorderpfoten bequem am Baum abgestützt. Bedrohlich nah zwei Köpfe. Das Ganze sah nach längerem Aufenthalt aus; es kam wohl lediglich darauf an, wer die größte Ausdauer hatte. Elkes Voraussetzungen waren schlecht. Schon nach einer Weile taten ihr alle Glieder weh, während die Ziegen einen eher amüsierten Eindruck machten. Jolanda und Jupp hatten durchaus Spaß am Schabernack, nicht frei von einer gewissen Hinterhältigkeit. Wir fanden das meistens lustig, doch Elke sah es in diesem Augenblick begreiflicherweise anders.

Um die Geschichte abzukürzen: Das arme Weib harrte genau siebzig Minuten auf dem Baum aus. Sarah schwankte dabei zwischen Bedauern und Schadenfreude, mußte sogar teilweise richtig lachen. Als Elke sie fortschickte, um mich zu holen, war bereits eine Stunde vergangen. Die hatte Elke gebraucht, um sich darüber klarzuwerden, daß ihre Chancen, allein heil herunterzukommen, schwanden und die Angst, sich lächerlich zu machen, in gleichem Maße abnahm. Sie hatte recht. Jolanda und Jupp hätten die Belagerung mühelos stundenlang durchgehalten, wie ich aus Erfahrung wußte. Im nachhinein solidarisierte sich Sarah mit ihrer Mutter, und Jolanda und Jupp waren für sie nur noch «blöde Ziegen».

Ziegen haben einen intensiven Geruch, der, zusammen mit Angstschweiß, eine interessante, wenn auch gewöhnungsbedürftige Mischung ergibt. Elke duschte ausgiebig, schwamm dann zusammen mit ihrer Tochter eine Runde, so daß nichts mehr an den peinlichen Vorfall erinnerte.

Und nach einer weiteren Stunde sah ich Sarah erneut bei Jolanda, streichelnd und schmusend, so daß das nächste Bad fällig wurde.

Ich selbst hatte kaum schlechte Erfahrungen mit Jolanda und Jupp gemacht. Sie waren jung, als wir sie bekamen, ihre Entwicklung wurde durch uns geprägt. Trotzdem waren sie immer gut für eine Überraschung. Einmal blieb unser Eingangstor versehentlich offen, und schon gingen beide Ziegen auf Entdeckungstour. Noch heute wundert mich, daß die anderen Tiere sich nicht anschlossen, doch wahrscheinlich blieb diese Ausflugschance von ihnen unbemerkt. Jolanda und Jupp waren jedenfalls draußen, wo sich unser Parkplatz befand, auf dem, wie so oft, auch jetzt Autos standen. Irgendwie müssen die beiden geglaubt haben, es handele sich um eine neue Art Hügel – sie wagten den Aufstieg! Nach ersten zaghafteren Versuchen übten sie das Ganze mit Anlauf. Resultat: Drei eiergroße Beulen schmückten Josés recht neuen Wagen, unser zwölf Jahre altes unbeschädigtes Vehikel war voller Kratzer. Und wir mußten zu dritt die zwei Ausreißer wieder aufs Grundstück treiben, die ohne jedes schlechte Gewissen zu ihrem Stall trotteten.

Ziegen sind Meister im Ausreißen und Abfressen. Außerdem stemmte sich gerade Jolanda gern mit ihrem ganzen Gewicht gegen den Zaun, um sich, an ihm entlanglaufend, zu scheuern. Stabilität war also unbedingte Voraussetzung. Zum Schutz vor den gefräßigen Mäulern bekamen alle gefährdeten Stämme eine Maschendrahteinfassung. Selbst Nadelbaumzweige fanden begehrten Absatz. Abgesägte Äste, die wir regelmäßig ins Ziegengehege legten, hatten denselben Effekt wie Gummibärchen für Kinder. Das Abknabbern der Rinde galt als Hochgenuß. Ansonsten hatten Ziegen und Schafe bei uns freien Auslauf. Jolanda und Jupp könnten sich sowieso ohne große Anstrengung aus fast jedem Gehege befreien. Achtzig Zentimeter Höhe und eindrucksvolle Sprungkraft – welcher Zaun sollte das bremsen? Die Kunst war, es ihnen dort, wo sie sich aufhalten sollten, so angenehm zu machen, daß sie den Ausbruch erst gar nicht versuchten. Ein Prinzip übrigens, mit dem zahlreiche Hoteliers nicht nur auf Mallorca Riesenumsätze machten.

Jolanda wurde bei uns nicht als Milchziege gehalten und darum speziell gefüttert, was die Milchproduktion erheblich senkte. Trotzdem war das tägliche Melken wichtig, auch als Ritual. Luis, der Bruder von José, kam jeden Abend vorbei und holte sich die Milchration für seine kleine Käserei – wir erhielten dafür kostenlos die Endprodukte. Sinnvolles Geben und Nehmen, typisch für die Insel und ihre Bewohner. Einige Bekannte haben damit ihre Schwierigkeiten. Zum Beispiel die prominente Fernsehkollegin, die mit Pfennigabsätzen, knallengem Rock und feinem Tuch bei mir erschien. Auch Männer bevorzugten für den «Landgang» den Seidenblouson mit der schmückenden weißen Leinenhose. Todschick und gänzlich unpassend. Daß sie dann dasaßen, die Hände in Abwehrpose mit leicht angeekelten Mundwinkeln – wen wundert's? Ich war meist schon nach einer Viertelstunde fix und fertig vom Fernhalten der Tiere und dem Bemühen um ungezwungene Konversation und vervollständigte mein inneres Notizbuch: *Nicht mehr einladen.* Im Laufe der Jahre kam eine ganz schöne Liste zusammen.

Statt dessen bat ich manchmal spontan Menschen zum Kaffee, die ich zufällig auf einem meiner Flüge kennenlernte, mit denen ich ein angenehmes Gespräch hatte, das wir fortsetzen wollten. Und da gab es nie Enttäuschungen. Praktisch gekleidet und unprätentiös standen die Gäste vor der Tür, meist mit einem Blümchen (das Prominente höchstens als Ausnahme mitbrachten), genossen Ambiente und Zusammensein, faßten sogar gelegentlich mit an, so daß wir uns immer mit Bedauern voneinander verabschiedeten. In einigen Fällen entstanden sogar lockere Freundschaften daraus.

Loslassen und Neubeginn

Es schneit auf Mallorca. Weiße Mandelblüten, Nuancen von Schneeweißchen bis Rosenrot. Der Boden ist voll davon, und noch sind auch die Wipfel geschmückt, Dächer filigraner Wunder. Viele Touristen reisen extra auf die Insel, um das zu sehen. Es ist die Reise wert. Doch die Blüte, sonnengestreichelt, kommt in diesem Jahr zu früh. Es ist Winter. Die Natur ruht sich aus, stirbt ein wenig, und ich denke zuviel an Tod.

Mitten in dieser natürlichen Ordnung, als Teil des Kreislaufs, werfe ich einen vorsichtigen Blick zurück.

Toya konnte sich nicht entschließen, ob er zuerst ein Nickerchen halten oder einen Waldlauf machen sollte. Unentschlossen stand er an der Tür, mal nach draußen, dann wieder auf seine gemütliche Matte schielend. Shubu hatte sich dicht hinter ihm postiert und sah ihn fragend, auffordernd an. Sie hatte ihre Wahl bereits getroffen. Doch die endgültige Entscheidung lag bei Toya. Mit schrägem Blick schaute sie von der Seite zu ihm hoch und hüpfte ein wenig auf der Stelle. Das war doch ein klares Angebot, wieso zögerte dieser faule Rüde noch so lange? Ihr kleiner, breiter Körper blieb gespannt, bewegte sich so graziös wie bei ihren Maßen möglich. *Nun aber los, Alter, rühr dich*, ein Stupser, deutliches Zeichen wachsender Ungeduld. Doch Toya war das gewohnt. Elegant, groß, majestätisch stand er vor ihr, würdigte sie keines Blickes und ließ sie zappeln. Als ihre Schnauze ihn zum zweiten Mal berührte, schüttelte er sich ein wenig, gähnte laut und streckte sich. Kopf und Vorderbeine tief gebeugt, das hintere linke weit ausgefahren: Hochgenuß! Shubu gab ihre Verführung nicht auf. Etwas Unterstützung konnte nicht schaden, also bat sie mich, die Tür zu öffnen. Man würde ja sehen! Hin zur Tür, Sitz und Pfötchen. Deutlich genug für begriffsstutzige Menschen. Shubu beobachtete mich genau, sie lernte einfach alles durch Abgucken. Bald würde sie sich das Tor zur Außenwelt allein aufmachen. Wind blies ins Haus, und schon stob sie davon, kam zurück, sprang an Toya hoch, rannte weg, war wieder da und setzte dieses Spiel so lange geduldig fort, bis der träge Rüde ihr folgte. Gemeinsam liefen sie in den Wald, zu ihrem Ort der Geheimnisse.

Dort trafen sie manchmal auf unsere Schaf- und Ziegenpärchen, für die das Gebiet oben vertraute Heimat war. Mal ging es friedlich zu, mal kläffte und blökte es. Meistens kamen sie ohne uns zurecht. Auch mit Goya. Irgendwann ignorierten wir alle diese Geräusche, weil nie etwas Ernsthaftes passierte. Unser Sensor für gefährliche Töne *(wenigstens dieser)* funktionierte, auf jeden fremden Laut wurden wir aufmerksam. So konnten wir problemlos die phonetischen Kraftprotzereien der stolzen Hähne vom Kampfkrähen unterscheiden, das uns sofort auf die Füße brachte. Waren wir mal zu spät dran, verließen wir uns blind auf die kluge Shubu. Die roch Gefahr wie Tomatensoße, stand dann da und bellte, flankiert von den ebenfalls verteidigungsbereiten Gänsen.

Auch Shubu gab – wie Toya – Pfötchen, ohne daß wir es ihr beigebracht hatten. Sie bevorzugte dabei eine winkende Bewegung, die urkomisch aussah. Während sie auf ihrem Hinterteil saß, fuhr die Pfote, einen Bogen von unten nach oben beschreibend, an ihrem Gesicht vorbei, was sie jedesmal aus dem Gleichgewicht brachte. Statt verwirrt zu sein, schien Shubu mitzulachen. In wenigen Sekunden konnte sie allem um sich herum heiteren Glanz verleihen. Wenn völlig Fremde zu uns kamen, die weder Tiere hatten noch eine Beziehung zu ihnen, war Shubu sofort ihr Liebling. Oft sahen wir staunend zu, wie jemand, der sich gerade noch ängstlich von Toya ferngehalten und vor Frieda gegrault hatte, zu Shubu ging, ihr törichte Schmeicheleien ins Ohr flüsterte und ganz und gar bezaubert war.

Immer, wenn Shubu ohne Toya das Haus verließ, kam in ihm das Raubtier hoch. Wie ein Tiger strich er an der Tür vorbei, auf und ab, auf und ab. Dabei heulte er wölfisch, den Kopf hoch erhoben. So traurig es war, wir mußten meistens lachen. Kam Shubu zurück, wurde ausgiebig gefeiert. Sie beschnupperten sich, spielten, balgten, rannten und konnten nicht genug voneinander bekommen.

Shubu begann ein wenig zu riechen. Trotz der Kastration gebärdete Toya sich wie bei einer läufigen Hündin und wurde schier wahnsinnig. Die deutsche Tierärztin aus dem nahen Ort sah sich das an: «Eine Kleinigkeit, das machen wir übermorgen. Ein winziger Schnitt und nach zwanzig Minuten ist alles vorüber. Wahrscheinlich ist die Kastration nicht gründlich genug durchgeführt worden.»

In den folgenden zwei Tagen geschieht um mich herum Eigenartiges: Freunde – Pragmatiker, Atheisten – sprechen plötzlich über Philosophie, «der Weg ist das Ziel», «carpe diem», o ja, ich versuche es, strebe danach, so oft vergeblich. In drei Telefonaten wird mir vom Tod erzählt. Zuviel davon. Die Tiere sind unruhiger als sonst. Warum rufe ich wegen einer Bagatelle einen Veterinär in Deutschland an? Warum die Sorge? Absolut grundlos, findet der Tierarzt. Shubu sieht mich an, als wollte sie mir etwas mitteilen. Mir und keiner anderen.

Am nächsten Abend kommt Burckhard zu mir und sagt förmlich: «Ich möchte gern in Ruhe mit dir sprechen, geht das?» Ich bin erschrocken, weil seine Frage so ungewöhnlich, sein Ton so ernst ist.

Burckhard will nicht, daß Shubu operiert wird. Er kann es nicht begründen, «nur so ein Gefühl», und er will, daß ich mir die Sache auch noch mal überlege. Ich bin durcheinander und nachdenklich.

«Wir haben nur Angst, das ist doch bei Eingriffen völlig normal. Aber es muß gemacht werden. Oder gibt es noch etwas, was du mir nicht gesagt hast?»

Nein, es ist nur sein Gefühl. Aber das mit großer Kraft. Ich rufe noch einen weiteren Tierarzt in Deutschland an und erzähle ihm von dem neuen Problem. «Sie können ganz unbesorgt sein. Jeder Student lernt das schon im zweiten Semester. Das ist wirklich eine kleine Sache, die kann jeder Arzt, selbst ein schlechter.»

Mich erreicht der Brief einer Freundin, in dem von Krankheit die Rede ist. Vermutungen, Diagnosen, Todesangst. Ich starre auf die Blätter und habe das Gefühl, alles Wichtige ist da, nichts fehlt. Nur meine Fähigkeit, die Mosaiksteine richtig zusammenzusetzen.

So viele Signale, so viele Zeichen, soviel Intensität ...

Toya leidet. Wir müssen die Hunde voneinander trennen. Ich beruhige mich und meinen Mann: «Komm, laß uns vernünftig sein. Wir fahren da morgen hin, und alles wird gutgehen, du wirst sehen.» Burckhard will nicht, kommt sich aber angesichts meiner vorgetäuschten Ruhe so spökenkiekerisch vor, daß er nichts mehr vorbringen mag, sich schweigend abwendet.

Die Nacht ist unruhig. Alpträume. Immer wieder werde ich wach. Um drei Uhr treffen wir uns unten in der Küche. «Kannst du auch nicht schlafen?» fragt Burckhard.

«Ach, du hast mich mit deiner Unkerei ganz verrückt gemacht. Alle haben doch versichert, es sei nur eine Routinesache, eine Bagatelle.» Ich gehe rational vor, bin vernünftig.

Am Morgen dann will Shubu nicht ins Auto, steigt nur zögernd ein. Sie fährt sonst gern mit. Wir sehen uns an, mißtrauen unseren Gefühlen, ignorieren alle Zeichen. Burckhard ist blaß und still, fährt mit ihr zur Ärztin, ich bleibe bei den anderen Tieren und Toya. Der legt sich weit nach hinten in eine Ecke seiner Matte, dreht mir den Rücken zu und rührt sich nicht. Sofort renne ich hinter dem Auto her, es ist schon zu weit entfernt.

Toya bewegt sich nicht mehr. Er läuft nicht auf und ab, er heult nicht. Stumm liegt er da mit weitaufgerissenen Augen.

Handwerker sind da, Maria hat frei, es gibt so viel zu tun. Ich kann nicht denken und bewege mich automatisch. Das Telefon klingelt. Burckhard.

Er ist mit Shubu in den Behandlungsraum gegangen, die deutsche Ärztin gab ihr eine Narkosespritze, aber Shubu blieb wach, wollte nicht wegdämmern, sah ihn immer nur an. Die Ärztin zog eine zweite Spritze auf. Burckhard protestierte, ihm schien die Dosis zu hoch. Die Frau verneinte lächelnd und beruhigte ihn, den ängstlichen «Vater» einer nicht ganz dreijährigen Hündin.

Jetzt schlafe Shubu, werde operiert, er sei direkt nebenan.

Sollen hier doch alle sehen, wie sie zurechtkommen. Ich rufe ein Taxi und fahre hinunter in die Praxis. Burckhard ist leichenblaß, Tränen laufen ihm übers Gesicht. «Shubu ist tot.»

Nachdem er den Hörer aufgelegt hatte, war Burckhard in den Behandlungsraum zurückgegangen, in dem sie lag und nicht erwachte.

Als ich sie im Arm habe, hat sie eine zwanzig Zentimeter lange Narbe, die der «kleine Schnitt» sein soll, und lebt nicht mehr. Narkosefehler, Überdosis, Stümperei, fahrlässige Tötung – jetzt zählen keine Gründe.

Wir haben alle Impulse unterdrückt, jeden Instinkt verleugnet, unsere Shubu ist tot.

Ich will keine Tiere mehr.

Es ist vorüber, nichts wird, wie es war.

Ich war nicht imstande, diesen Satz in meinem Kopf zu stoppen. Wie ein Endlosband wiederholte er sich ununterbrochen, nichts hatte daneben Platz. Auch nachts ein Zustand überreizten Wachseins. Alles war unausweichlich – vorherbestimmt, unabänderlich. Mit abergläubischer Sicherheit beharrte ich darauf, daß die Ereignisse nicht anders ablaufen konnten. So und nicht anders. Die Kette hatte sich geschlossen, eine kurze, unvergeßliche Begegnung war vorüber.

Toya legte sich zum Sterben hin.

Fraß nicht, reagierte nicht, blieb regungslos mit immer feuchten Augen. Trank nur und trank. Es sah aus, als weine er und müsse immerzu Flüssigkeit nachtanken. Ein Jahr kämpften wir zusammen mit einem anderen Tierarzt um sein Leben, das er nicht mehr wollte.

In wenigen Tagen ist Weihnachten. Es wäre ihr drittes geworden. Kein Weihnachten dieses Jahr. Shubu liegt unter ihrem Olivenbaum, zugedeckt mit Mandelblüten.

Toya ist wieder fast gesund, er hat sich mit ihr gerettet, ist ein Shubu-Baby mit Toya-Phlegma. Er holt sein Welpenspielzeug heraus, versteckt es wie vor drei Jahren, das Schnaufen von Shubu kommt jetzt aus seinem Mund, und wenn er winkend Pfötchen gibt, fällt er fast um. Er gibt zweihundertmal am Tag Pfötchen, auch aus einer Entfernung von achtzig Metern. Er bellt anders und öfter. Toya ist zwei Hunde, ein Doppelwesen, das Shubu ersetzen will.

Für uns ist das schön und schrecklich zugleich, und so rührend, daß man heulen möchte. Toya hat körperlich überlebt, seine Seele noch nicht. Manchmal steht er einsam und verlassen auf dem Berg und sucht Shubu oder sieht sie oder spricht mit ihr …

Heute, zwei Jahre später, ist Pünktchen da, ein Findling, der, kaum geboren, auch schon seinen ersten Überlebenskampf gewonnen hat. Pünktchen ist eine Dalmatiner-Hündin, ein weiß verkleidetes Jo-Jo, etwas verrückt aus der geraden, glatten Lebenslinie. Toya duldet sie, das muß erst mal genügen. Wir wollten sie nicht, mußten sie aufnehmen und möchten sie nicht mehr missen.

Das ist die Hoffnung. Nach dem Loslassen der Neubeginn. Nächstes Jahr wird der kahle Mandelbaum seine wunderschönen Blüten tragen, die prächtigen Farben von Schneeweiß bis Rosenrot werden das ganze Land überziehen und aller Augen erfreuen, bis die Blütenblätter auf die Erde fallen und sich mit ihr vereinigen, das dunkle, leere Holz zurücklassend.

WUNDERLICH TASCHENBUCH

Bestseller zu attraktiven Preisen.

Jeden Monat neu als Wunderlich Taschenbuch.

Wir wünschen gute Unterhaltung!